김주호 인문철학총서 13

✤ 고전인문철학수업 1

1. 과거를 창조함에 대하여 (플라톤, 소크라테스의 변명)
2. 소극적 자유와 적극적 자유에 대하여 (니체, 인간적인 너무나 인간적인)
3. 자유의지에 대하여 (도스토예프스키, 지하생활자의 수기)
4. 자유로운 일과 자유를 주는 일에 대하여 (아우렐리우스, 명상록)
5. 창조의 힘, 개별의지에 대하여 (루소, 인간불평등기원론)
6. 개별의지의 적용에 대하여 (플라톤, 국가 Ⅰ)
7. 선택받는 삶과 선택하는 삶에 대하여 (데카르트, 방법서설)
8. 올바름과 어리석음에 대하여 (플라톤, 국가 Ⅱ)

✤ 고전인문철학수업 2

9. 제3의 탄생에 대하여 (베이컨, 신논리학)
10. 꿈의 구조도에 대하여 (한비, 한비자)
11. 생각의 지도에 대하여 (통합사유철학강의)
12. 숭고한 나눔에 대하여 (칼릴지브란, 예언자)
13. 명예로운 삶에 대하여 (아우렐리우스, 명상록)
14. 우리에게 중요한 것들에 대하여 (생텍쥐페리, 어린 왕자)
15. 삶의 목적에 대하여 (장자, 장자)
16. 참과 진리에 대하여 (니체, 반시대적 고찰)

✤ 고전인문철학수업 3

17. 여유로움과 나태함에 대하여 (키르케고르, 디아프살마타)
18. 성찰과 회복에 대하여 (데카르트, 성찰)
19. 아름다움에 대하여 (칼릴지브란, 예언자)
20. 행동과 열정에 대하여 (서머싯 몸, 달과 6펜스)
21. 겸손과 지혜에 대하여 (한비, 한비자)
22. 인식의 세 단계에 대하여 (니체, 차라투스트라는 이렇게 말했다)
23. 진실과 오해에 대하여 (체호프, 체호프 단편선)
24. 인간의 조건에 대하여 (카프카, 변신)

✱ 고전인문철학수업 4

25. 평등한 세상을 위하여 (루소, 사회계약론)
26. 인간의 본성에 대하여 (알퐁스 도데, 별)
27. 문제와 해결에 대하여 (헤르만 헤세, 데미안)
28. 허영과 충만에 대하여 (파스칼, 팡세)
29. 편견과 본성에 대하여 (마크트웨인, 왕자와 거지)
30. 자기철학에 대하여 (아우렐리우스, 명상록)
31. 자존과 수용에 대하여 (사르트르, 문학이란 무엇인가)
32. 노력과 만족에 대하여 (이솝, 이솝 우화)

✱ 고전인문철학수업 5

33. 배려와 희생에 대하여 (법구, 법구경)
34. 유익과 선에 대하여 (키케로, 의무론)
35. 존재에 대하여 (사르트르, 구토)
36. 시대정신에 대하여 (헤겔, 역사철학강의)
37. 목적과 자격에 대하여 (아리스토텔레스, 정치학)
38. 인내와 용기에 대하여 (성서, 잠언)
39. 배움의 이유에 대하여 (마키아벨리, 군주론)
40. 성공의 길과 진리의 길에 대하여 (헤르만 헤세, 나비)

✱ 고전인문철학수업 6

41. 이해와 사랑에 대하여 (오헨리, 마지막 잎새)
42. 이해와 득실에 대하여 (냉철한 그리고 분노하는, 철학자들의 생각)
43. 합리적 계책에 대하여 (나관중, 삼국지)
44. 평등과 자격에 대하여 (냉철한 그리고 분노하는, 철학자들의 생각)
45. 시간과 존재에 대하여 (실존을 넘어서)
46. 자유와 평등에 대하여 (홉스, 리바이어던)
47. 관계와 인간에 대하여 (니체, 인간적인 너무나 인간적인 Ⅰ)
48. 나와 [나]에 대하여 (니체, 인간적인 너무나 인간적인 Ⅱ)

✽ 토론의 정석 1

49. 우리 시대 약자는 살기 괜찮은가: 약자에 대한 판결 불공정 문제
50. 우리 시대 교육은 문제없는가: 대학 서열 문제
51. 우리 시대 직업은 그 역할을 다하고 있는가: 직업 서열 문제
52. 우리 시대는 술과 정신병 문제에 대한 대처를 잘하고 있는가: 술, 정신병 문제
53. 우리 시대는 부동산 등 불로소득을 잘 징계하고 있는가: 부동산, 불로소득 문제
54. 우리 시대 종교는 타락하고 있지 않은가: 타락한 종교 문제
55. 우리 시대는 처벌에 대해 평등의 원칙을 잘 준수하는가: 공평한 벌금 문제
56. 우리 시대는 정당방위를 충분히 보장하고 있는가: 정당방위 문제

✽ 토론의 정석 2

57. 우리 시대는 계층 문제를 충분히 고려하고 있는가: 계층 문제
58. 우리 시대의 제사, 결혼, 장례 문화는 적절한가: 제사, 결혼, 장례의 전통 문제
59. 우리 시대는 상속을 왜 허용하면 안 되는가: 상속 문제
60. 우리 시대는 아직 일본과의 관계를 해결하지 못하고 있는가: 일본과의 관계 문제
61. 우리 시대는 남북통일을 잘 추진하고 있는가: 남북한 통일 문제
62. 우리 시대는 한중일 3국 연합을 준비하고 있는가: 한중일 연합 문제
63. 우리 시대는 개인의 생명과 안전을 스스로 지킬 수 있는가: 총기 소지 문제
64. 우리 시대는 모두의 인권을 존중해야 하는가: 인권과 사형 문제

✽ 논술의 정석 1

65. 인간과 문화에 대하여: 비교와 추론
66. 인간과 환경에 대하여: 추론과 비판
67. 인간과 문학에 대하여: 비교와 평가
68. 인간과 예술에 대하여: 비교와 관점
69. 인간과 리더에 대하여: 분류와 평가
70. 인간과 평등에 대하여: 비교와 비판
71. 인간과 문명에 대하여: 비교와 대안
72. 인간과 운명에 대하여: 활용과 평가

인문철학교육총서

고전인문철학수업 1

지성과문학사

고전인문철학수업 1

인문철학교육총서

고전인문철학수업 1

　이 책은 인문철학 교육서이다. 이 책은 인문철학을 시작하려는 사람에게 상당히 적합한 책이다. 이 책은 인문철학을 깊이 전공하는 전문가에게도 자못 적합한 책이다. 이 책은 모든 학생이 공부할 수 있는 책이다. 이 책은 삶의 목표를 찾고 있는 사람에게 괜찮은 책이다. 이 책은 세상을 이끌려는 리더에게 그런대로 적합한 책이다. 이 책은 학생들을 가르치는 교육자에게 꽤 적합한 책이다. 이 책은 삶을 뒤돌아보는 이들에게 때때로 적합한 책이다. 이 책은 무슨 책을 읽어야 할지 모르는 사람들에게 나쁘지 않은 책이다. 이 책은 자신이 부족해 보일 때 조금 용기를 주는 책이다. 이 책은 누군가 거만한 사람에게 선물하면 좋은 책이다. 이 책은 소중한 사람들과 같이 공부하기에 제법 적합한 책이다. 이 책은 차분히 삶을 디자인하려는 사람에게 조금은 도움이 되는 책이다.

JH

인문철학교육총서

* 차례 *

서론, 아이들 교육을 그르치기 쉬운 열 가지 오류

1. 과거를 창조함에 대하여   21

2. 소극적 자유와 적극적 자유에 대하여   49

3. 자유의지에 대하여   81

4. 자유로운 일과 자유를 주는 일에 대하여   105

5. 창조의 힘, 개별의지에 대하여   133

6,. 개별의지의 적용에 대하여   163

7. 선택받는 삶과 선택하는 삶에 대하여   215

8. 올바름과 어리석음에 대하여   269

인문철학교육총서

아이들 교육을 그르치기 쉬운 열 가지 오류

인문철학교육총서

아이들 교육을 그르치기 쉬운 열 가지 오류

1. 매일 공부하는 모습을 보아야 마음이 놓인다.

10대는 자신의 인생을 결정하는
소중한 시기입니다.
나태해서는 안 되겠지만 아이들에게
편안히 상상의 날개를 펼치는
무조건적 자유 시간을 주어야 합니다.
이 자유 시간이 아이의 인생을 결정합니다.
아이들에게 자유 시간을 주어야
비로소 자유를 교육할 수 있습니다.
자유로운 사람이란
자유를 누릴 줄 아는 사람입니다.

2. 영어 수학 공부를 독서에 우선한다.

독서에 의한 사고력, 독해력, 인지력, 창의력은
모든 학력의 기초입니다.
그러나 독서의 더욱 중요한 점은
책을 통해 공동체를 유지하는
귀중한 삶의 가치를 무의식 속에
담는다는 것입니다.
그것이 부족하면 아이들은
사회적으로는 성공할지 모르지만
그다지 가치 없는 사람이 될 것입니다.
가능한 독서할 수 있는 분위기를 만드세요.
TV 시청을 줄이고
부모님들이 독서를 시작하십시오.

3. 아이들에게 편안하고 안정적인 직업을 권한다.

아이들에게 공무원을 직업으로 권하는데

그 이유가 편안하고 안정적인 데 있다면

어른으로서 무책임한 일입니다.

비록 불편하고 불안정한 모험적인

삶을 살아도 성공할 수 있다는

확신을 아이들에게 주어야 합니다.

부의 재분배, 복지의 확대가

정치적인 일이라고 책임을 회피하지 마십시오.

이는 우리 어른 하나하나

개개인이 이루는 것이지

정치가 할 수 있는 일이 아닙니다.

우리 어른들이 그렇게 되도록

자신이 부와 여유를 서로 나누어

아이들이 모험적이고 도전적인 삶을 살도록

기회를 주어야 합니다.

4. 자신의 지식과 경험으로 아이들 교육의 방향을 정한다.

뛰어난 황제와 위대한 지식인도

자신의 아이들은 직접 교육하지 않습니다.

자신의 학식과 경험에 대한 확신으로

아이들을 자신에 맞추려 하기 때문입니다.

자신이 성공적인 삶을 살았다고

자부하는 부모일수록

아이들 교육의 방향은 교육자에게 맡겨야 합니다.

문제는 학교를 포함한 우리 교육 기관이

그렇게 믿음을 주지 못한다는 것입니다.

좋은 방법은 2,500년 인류를 이끌어 온

우리의 지성에게 그 역할을 맡기는 것입니다.

독서는 현재 우리 사회에서

가장 믿을 만한 방법입니다.

정통 인문 고전을 읽히십시오.

5. 자기 자존감을 갖도록 교육한다.

[자존감수업]이란 책이 베스트셀러가 되고
자신을 높이는 것이 행복한 삶의 근간이라고 굳게 믿습니다.
그런데 사실, 자존감은 자신이 높이는 것이 아니라
타인이 높여주는 것입니다.
그러므로 자신의 자존감만 높이면
세상에서 자기를 알아주는 것은 자기밖에 없어집니다.
이는 의미 없는 자존감입니다.
타인에게 서로 고개 숙이고
타인의 말을 진심으로 받아들여
자신의 생각을 항상 변화시키지 않으면
어느새 고집불통의 어른으로 성장합니다.
자신의 자존감을 버리고 타인을 받아들이도록
아이들을 교육하십시오.
뛰어난 교육자를 (위대한 저서) 만나면 자존감을 버리고
그에게 깊이 머리를 숙이게 하십시오.

6. 중고등학교 시기는 입시에 집중해야 한다.

이것은 어른들의 착각입니다.
특히 중고등학교 시기는
삶을 성찰해야 하는 중요한 시기입니다.
입시와 공부는 그 후이지요.
이는 한국 교육의 딜레마입니다.
'주홍글씨'
출신 대학이 주홍글씨가 되어
평생을 따라다니는 것도 문제이지만
그렇다고 하더라도
인문 교육을 뒤로하고
지식 중심의 교육만을 고집한다면
보이지 않는 그렇지만 더욱 암울한
'검정글씨'
비인간적 메마름에서
아이들은 쉽게 벗어나지 못할 것입니다.

7. 우리 아이들은 공부만 하면 우등생이 될 수 있다.

공부를 하지 않아서 그렇지, 하기만 하면
자신의 아이들은 우등생이 충분히 될 수 있다고 생각합니다.
틀리지 않은 말일 수도 아주 틀린 말일 수도 있습니다.
아이가 잘 할 수 있는 분야라면
공부만 하면 우등생이 될 수 있습니다.
그러나 선천적으로
기억력이 그렇게 좋지 않은 아이에게
기억력이 좋아야 하는 분야를
공부시켜서는 절대 우등생은 불가능합니다.
잘 할 수 있는 분야는 다름 아닌
흥미를 갖는 분야입니다.
사람의 능력은 크게 다르지 않아
오랫동안 집중하여 공부하면 뛰어나게 되는 법입니다.
아이가 흥미를 갖도록 하지 않고
무조건 공부하게 하여
등수를 올리려 하는 것은
아이의 교육과 인생을 그르칩니다.

흥미를 갖는 분야를 찾는 방법은
다양한 지식과 경험을 하도록 하는 것입니다.
그렇지만 할 수 있는 것이 제한적인 상황에서
유일하게 가능한 방법은
다양한 지성과 지적 독서를 통한 여러 영역에 대한 탐구뿐입니다.
탐구를 통한 자기의 흥미로운 세계 발견,
이것이 자기만의 목표와 꿈의 발견이며
독서가 모든 교육에 우선되어야 하는 이유입니다.

8. 교육의 목표는 남들보다 뛰어나게 되는 것이다.

"우리가 알아야 할 것은
사람들보다 뛰어나게 되는 법이 아니라
사람들과 함께 즐거워하는 법이다."

이는 어른들이
절대 잊지 말아야 합니다.
강자가 되도록 교육하지 말고
고귀한 자가 되도록
교육하십시오.

9. 나는 불행해도 아이들은 행복하게 해주고 싶다.

자신을 희생하여
아이들을 교육하고 뒷바라지한다면
그것으로 충분하다고 생각하나요?
행복도 연습이 필요합니다.
불행을 느끼는 부모로부터
행복한 아이들은 탄생하지 않습니다.
아이들의 행복을 원한다면
아이들 교육보다 우선하여
스스로 먼저 행복해지기 위해 노력하십시오.
부모가 행복하면
아이들도 행복하기 위한 노력을
게을리하지 않습니다.
엄마, 아빠가
아이에게 행복을 직접 교육하십시오.
다른 교육은 그다음 생각하세요.

10. 아이들 인성은 타고나는 것이다.

내 아이는 착해서

별도로 인성 교육은 필요 없다고 생각하나요?

물론 본성은 그렇습니다.

그러나 공동체 생활에서는 착하기만 하면 손해 보는 일이 많습니다.

이 일을 반복하여 경험하면 아이들 생각이 조금씩 달라집니다.

따라서 아이들은 착한 본성을 유지하면서

필요할 때만 냉철히 분노하는 법을 배워야 합니다.

예를 들면, 한비자의 '법술세(法術勢)' 지혜를

때에 따라 활용할 줄 알도록 교육해야 합니다.

우리 어른들은 아이들에게

'착하라'고 교육하기도, 그렇다고 '악하라'고 교육하기도 곤란합니다.

단순히, 범죄를 저지르지 않는다고 올바른 삶을 사는 것은 아닙니다.

우리 어른은 오랜 2,500년 인류 지성의 힘으로

선한 본성을 지키고 악함에 대항할 줄 아는

올바른 아이로 교육해야 합니다.

1. 과거를 창조함에 대하여

과거는 지나간 일인데, 어떻게 과거를 창조하는가?

물론, 과거는 이미 고정된 사실이다.
우리는 절대 사실 자체는 바꿀 수 없다.
여기서 '과거를 창조한다'는 말은 그 사실을 바꾸는 것이 아니라
그 의미와 가치를 바꾸는 것이다.

1. 과거를 창조함

✽ 우리가 미래를 두려워하지 않기 위해서는
과거가 이미 고정된 것이 아니라 얼마든지 바뀔 수 있는 것임을
어릴 때부터 배워야 한다.
현재와 미래 또한 곧 과거가 되니
만일 우리가 과거를 창조할 수 있다면
우리는 현재의 일 그리고 미래의 일을 두려워할 필요도
후회할 필요도 없다.

✽ 우선 그 미래의 일에 대하여 생각해보자.
앞에서도 말했듯이 미래이지만 곧 과거가 될 것이고
과거의 의미는 우리가 얼마든지 바꿀 수 있으니
마음껏 미래를 만들어 가보도록 하자.

1. 나에 대하여

자신의 미래 모습에 대하여 상상하여 서술하시오.
(1년, 5년, 10년, 20년, 50년 후)

200자

400자

1. 나에 대하여

✽ 미래에 어떤 공부를 하고 있을지
누구와 살고 있을지
어디에서 살고 있을지
어떤 고민을 하고 있을지
어떤 직업을 가지고 있을지 궁금하다.
게임 회사에 다니고 있을지 번역 일을 하고 있을지
작가를 하고 있을지.
비록 그것이 명확하지 않더라도
용감하게 그것을 그리는 연습이 필요하다.
용감하지 않으면 그 꿈은 조금은 작아질 것이다.
뭐, 꿈이 작아도 상관 없다.
꿈이 커야 좋은 것은 아니니까.

✽ 자, 그러면 이제 과거를 창조하는 것이 무엇인지
좀 더 자세히 공부하고 생각해보자.

2-1. 주제토론: 과거를 창조함

과거를 창조함은

자신이 결정한 일에 의해 구성된 현재의 삶을

의미 있게 재구성하여

과거의 결정에 새로운 의미를 부여하는 과정이다.

또한, [과거 창조]는 자신의 선택과 무관하게 운명 지워진 과거를

현재 노력으로 새롭게 재창조하는 것이다.

이제 과거는 더 이상 후회할 것도, 두려울 것도 없다.

미래는 곧 과거이다.

미래를 생각하지만 내가 실제 행동하는 것은 과거를 위해서이다.

우리는 어제 목표로 정한 것을 이루기 위해 오늘 살아간다.

과거를 창조해야 하는 이유이다.

2-1. 주제토론: 과거를 창조함

과거, 후회스러운 일에 대하여 한 가지 예를 들고
그것의 의미를 재창조하는 방법에 대하여 기술하시오. (400자)

2. 주제 토론

✽ 우리는 과거를 통해 성장하며
우리는 후회를 통해 발전한다.
과거를 슬퍼하거나 좌절하는 대상으로 삼지 말고
자신을 발전시키는 경험으로 삼아야 한다.

✽ 과거 공부를 하지 않았으면 지금 공부를 더 해서
지금부터 그 균형을 맞추면 된다.
과거의 모든 것은 새롭게 창조될 수 있다.

✽ 어느 아이의 부모가 교통사고로 돌아가셨다고 했을 때, 그 아이는 두 가지 선택이 있다. 하나는 자신의 운명을 원망하면서 사는 것이고 또 다른 하나는 그 운명을 극복해보려는 시도를 하는 것이다. 과거의 운명은 자신의 미래를 망칠 수도 있지만, 반대로 자신에게 완전히 다른 미래를 선물할 수도 있다. 어떤 어려운 운명에서도 우리는 과거를 창조하려는 노력을 해야 한다.

1. 과거를 창조함에 대하여

슬픔이 자신을 무너뜨린다고 변명하지 않는 것이 좋다.
정말 나를 무너뜨리는 것은 슬픔이 아닌
슬픔과 관계없는 '나'이다.
절망 속에서도 행복은 굳건히 생존한다.

- 진리의서, 자유정신사 -

3. 고전 읽기

플라톤　　소크라테스의 변명

Socrates (BC470~BC399)

3. 고전 읽기, 소크라테스 (Socrates)

소크라테스(BC470 - BC399)는 고대 그리스 철학자로

일생을 철학의 제 문제에 관한 토론으로 일관한

인류의 위대한 철학자이다.

공자, 예수, 석가와 함께 세계 4대 성인으로 불린다.

자기성찰, 나는 아는 것이 없다는 것을 안다.

아테네에 살면서 많은 제자들을 교육시켰는데

플라톤도 그중 하나다.

그는 '너 자신을 알라'라는 말을 기초로 하여

삶의 온당한 방법을 아는 것을 지식의 목적이라 하였다.

* Ref: 관련 백과사전 등 참고

3. 고전 읽기

플라톤, 소크라테스의 변명

1. 과거를 창조함에 대하여

1. 플라톤, 소크라테스의 변명

과거를 창조하기 위한 조건

제시문 (가)

"아테네 시민 여러분, 저를 고발한 사람들의 말을 들었을 때, 당신들이 어떻게 느끼셨는지 모르겠습니다. 내가 들을 때조차도 내가 누군지 헛갈려 버릴 정도로 그것은 그럴듯했습니다. 그러나 그들은 사실에 대해 거의 한마디도 말하지 않았습니다. 그리고 그들의 많은 거짓말 가운데서 특히 내가 놀란 것이 하나 있습니다.

그것은 내가 그럴듯하게 꾸며서 말을 잘하고 거짓 설득력 있는 웅변가이니, 속지 않도록 조심해야 한다고 말했던 것입니다. 그러나 당신들이 볼 수 있듯이, 그들이 어떻게 보더라도, 나는 대단한 웅변가는 아니라는 사실로 그들을 반박했을 것입니다. 하기야 진실을 말하는 사람을 설득력 있는 웅변가로 정의한다면야 이야기는 달라집니다. 그것을 의미한다면, 나는 그들과 다르다는 것을 주장할 것이지만, 나 또한 한 종류의 웅변가일 것입니다.

어쨌든 그들은 진실을 거의 말하지 않았습니다. 그러나 당신은 저에게서 모든 진실을 듣게 될 것입니다. 아테네 시민 여러분! 나는 제우스 신에게 맹세합니다! 당신이 나에게서 듣는 것은 그들의 주장과 같은 거짓 문구로 장식된 것이 아닐 것입니다. 나는 꾸밈없는 평범한 말로 말할 것이고 이는 내가 말하고 있는 것이 옳다고 믿기 때문입니다. 그리고 당신 중 누구도 나로부터 그 이상의 변론을 기대하지 않는 것이 좋습니다."

1. 플라톤, 소크라테스의 변명

과거를 창조하기 위한 조건

제시문 (나)

　그러나 이것은 내가 사람들에게 바라는 전부입니다. 여러분! 내 아들들이 어른이 되면 내가 여러분에게 했던 것처럼 괴롭히고 또 괴롭혀 주십시오.

　그들이 올바르고 선한 일보다 돈이나 그 밖의 어떤 것을 중요시하거나, 보잘것없는 자신들을 대단한 것으로 오해한다면, 그리고 자신이 조심해야 할 것(도덕과 정의)을 주의하지 않는다면, "별것도 아닌 인간들인 주제에 무언가 대단한 인물로 착각하지 말라"고 내가 여러분에게 한 것처럼 그들을 혼내 주십시오. 그렇게 한다면, 나 자신과 내 아들은 당신들에게 제대로 대우를 받은 것이 될 것입니다.

　이제 끝낼 시간입니다. 우리는 지금 가야 합니다. 나는 죽기 위해, 당신들은 살기 위해. 우리 앞에서 기다리는 죽음과 삶, 어느 쪽이 좋을지 아무도 모릅니다. 신이 아닌 한.

3. 고전 읽기: 플라톤, 소크라테스의 변명

문제 1. 제시문 (가) 를 읽고 웅변가의 두 가지 유형에 대하여 비교 기술하고, 주변의 예를 들어 설명하시오. (200자)

문제 2. 제시문 (나) 를 읽고 죽음을 앞둔 소크라테스의 마지막 꿈을 기술하시오. (200자)

문제 1.

문제 2.

1. 플라톤, 소크라테스의 변명

✽ 우리는 두 가지 방법으로 남을 설득할 수 있다.
하나는 자기 생각을 설득하기 위해 거짓을 말하기도 하면서 어떤 방법이라도 사용하는 것이고,
다른 하나는 어떠한 경우도 반드시 진실을 말하려는 것이다.
후자의 경우에만 우리는 평범하게, 솔직하게, 차분하게
설득할 수 있다.

✽ 소크라테스는 우선, 자신을 훌륭하게 만드는 일을
우선하는 세상을 바랐고,
그가 원했던 두 번째 세상은 교만하지 않고 겸손한 사람들이
세상에 가득하기를 원했다.
그리고 그는 마지막으로 그와 같은 세상을 만들 수 있는
많은 교육자와 교육 기관이 만들어지기를 기원했다.

✽ 과거를 창조하기 위한 조건
  - 진실된 웅변가: 진실된 생각, 말, 모습, 태도, 행동
  - 올바르고 선한 삶, 겸손한 삶, 도덕적이고 정의로운 삶

4. 천자문 (1/125)

天(하늘 천) 地(땅 지) 玄(검을 현) 黃(누를 황)
하늘은 그 빛이 검고 땅은 그 빛이 누르고

宇(집 우) 宙(집 주) 洪(넓을 홍) 荒(거칠 황)
우주는 넓고 거칠다.

천지현황 이고   **우주홍황** 이라.

天地玄黃이고   **宇宙洪荒**이라.

세상은 어둡고 암울하며, 우주는 넓고 거칠다.
당신은 무엇을 어떻게 하겠는가?

[한자 세 번, 뜻 한 번을 쓰시오]

4. 명심보감 (明心寶鑑)

계성편(戒性篇)

制水者 必以堤防 이요
제수자 필이제방 이요

制性者 必以禮法 이라.
제성자 필이예법 이라.

물을 제어하려면 제방으로 막아야 하고
품성을 제어하려면 예법으로 막아야 한다.

[한자 두 번, 뜻 한 번을 쓰시오]

2-2. 주제토론, 칭기즈칸 이야기

집안이 나쁘다고 탓하지 말라.
나는 아홉 살 때 아버지를 잃고 마을에서 쫓겨났다.

가난하다고 말하지 말라.
나는 들쥐를 잡아먹으며 연명했고, 목숨을 건 전쟁이 내 직업이고 내 일이었다.

작은 나라에서 태어났다고 말하지 말라.
그림자 말고는 친구도 없었고 백성은 어린애, 노인까지 합쳐 2백만도 되지 않았다.

배운 게 없다고 힘이 없다고 탓하지 말라.
나는 내 이름도 쓸 줄 몰랐으나 남의 말에 귀 기울이면서 현명해지는 법을 배웠다.

너무 막막하다고, 그래서 포기해야겠다고 말하지 말라.
나는 목에 칼을 쓰고도 탈출했고, 뺨에 화살을 맞고 죽었다 살아나기도 했다.

적은 밖에 있는 것이 아니라 내 안에 있다.
나는 내게 거추장스러운 것은 모두 쓸어버렸다. 나를 극복하는 순간 나는 칭기즈칸이 되었다.

2-2. 주제토론: 과거를 창조함

현재, 자신이 처한 어려움 한 가지 예를 들고 그것을 극복하는 방법에 대해 논하시오. (400자)

200자

400자

인문고전 추천 1

이솝 우화집 (이솝)

개미와 베짱이 ·
당나귀와 주인 ·
당나귀와 돼지 ·
그림을 짊어진 당나귀 ·
사자 가죽을 쓴 당나귀 ·
우물에 빠진 점성술사 ·
곰과 나그네 ·
새잡이와 검은 새 ·
모양내는 까마귀 ·
양치기 소년 ·
고양이와 생쥐 ·
수탉과 보석 ·
수탉과 개와 여우 ·
까마귀와 항아리 ·
까마귀와 뱀 ·
개와 늑대 ·
비둘기와 개미 ·
농부와 독사 ·
여우와 까마귀 ·
여우와 포도 ·
여우와 병든 사자 ·
여우와 두루미 ·
여우와 나무꾼 ·
개구리와 황소 ·
금도끼 은도끼 ·
사자와 쥐 ·
쥐와 굴 ·
북풍과 태양 ·
토끼와 거북이 ·
늑대와 어린 양 ·
고양이 목에 방울 달기
여우와 고양이 ·
당나귀를 팔러 가는 아버지와 아들 ·
원숭이와 고양이 ·
전갈과 개구리 ·
양의 옷을 입은 늑대

독서노트 (1차)

[이솝 우화에 흐르는 정신(교훈)에 대하여]

1. 저자: 이솝
2. 도서: 이솝 우화
3. 독서 노트

   (1) 이솝 우화 내용 중 자신의 마음을 움직이는 10가지 이야기를 정리하시오. (각 100자))

   (2) 각 이야기의 제목을 만들고 단문으로 표현하시오.

   (예) 제목: 영원한 우정, 단문: 같이 기뻐해 주는 자가 진정한 친구이다.

   (3) 각 이야기에서 나타내고자 하는 내용에서 공통적으로 흐르는 주제(교훈)를 도출하고, 그 이유를 구체적으로 서술하시오. (400자)

4. 기간 : 2주

독서노트

(1) 이솝 우화 내용 중 자신의 마음을 움직이는 10가지 이야기를 정리하시오. (각 100자)

1.

2.

3.

4.

5.

독서노트

(1) 이솝 우화 내용 중 자신의 마음을 움직이는 10가지 이야기를 정리하시오. (각 100자)

6.

7.

200자

8.

400자

9.

600자

10.

독서노트

(2) 각 10가지 이야기의 제목을 만들고 단문으로 표현하시오.

1.

2.

3.

4.

5.

6.

7.

8.

9.

10.

독서노트

(3) 각 이야기에서 나타내고자 하는 내용에서 공통적으로 흐르는 주제(교훈)를 도출하고 그 이유를 구체적으로 서술하시오. (400자)

Summary

1. 나에 대하여
 : 자신의 미래 모습에 대하여 기술하시오.

2. 주제토론수업
 : 과거를 창조함

3. 고전읽기
 : 플라톤, 소크라테스의 변명

4. 천자문 / 명심보감

5. 칭기즈칸 이야기

6. 독서 노트
 : 이솝 우화

과거를 창조함에 대하여

✱ 1. 과거를 창조함에 대하여 자신의 생각을 종합하시오.

사람의 가치는
그가 가진 것이 아니라
그가 행하는 것으로 결정된다.
가지지 못했음을 한탄할 것 없다.

- 진리의서, 자유정신사 -

2. 소극적 자유와 적극적 자유에 대하여

우리는 지금 정말 자유로운가?

소극적 자유는 '하지 않아서 느끼는 자유'이고
적극적 자유는 '해서 느끼는 자유'이다.
우리는 거짓 자유를 느끼고 있지 않은가?

2. 소극적 자유와 적극적 자유

✱ '소극적 자유'는 하지 않아서 느끼는 자유이다.
편안하며 평온할 수도 있지만, 침체와 협소함이 따른다.

✱ '적극적 자유'는 해서 느끼는 자유이다.
도전과 모험이며 활력과 풍부함이 따른다.

✱ '소극적 자유'와 '적극적 자유'는 우리 삶에서 모두 필요하다.
또한, 시간에 따라 그 필요성이 바뀌기도 한다.
하지만 잊지 말아야 할 것은 우리 인생을 이끌어 가는 것은
'적극적 자유'이어야 한다는 것이다.

1. 나에 대하여

자신의 첫 번째, 두 번째, 세 번째 꿈에 관하여 이야기해 보시오.
(그 이유와 각 꿈 간의 관계를 깊이 생각할 것)

200자

400자

600자

2. 주제토론 : 소극적 자유와 적극적 자유

[우리가 지금 느끼는 자유로움은 정말, 자유인가.]

자유로움은 [소극적 자유]와 [적극적 자유]로 분류된다.
그 선택에 따라 삶은 격변한다.

[소극적 자유]는 노예의 자유 의지와 같은 것으로
그들은 단순히, 주인으로부터
자신이 어떤 사역도 받지 않기만을 바란다.
그들은 힘든 사역으로부터 해방을 원할 뿐
자신의 노예 상태 자체에서 벗어나는 것은 원하지 않으며
그것을 의지(意志)하지도 않는다.

이들은 자유로움을 추구하면서도 자신의 주인,
즉 보호자를 필요로 한다.
열심히 일하고 주인 마음에 들면
비교적 안전하게 살아갈 수 있기 때문에
단지 자기 앞에 휴식이 있기만을 소망한다.
그의 자유에 대한 욕구 본질은 '노동으로부터의 도피'일 뿐이다.

2. 주제토론 : 소극적 자유와 적극적 자유

무엇인가 해야 한다는 것으로부터의 도피,

[사역으로부터의 도피]로 [소극적 자유]는 정의된다.

[적극적 자유]는 자신이 선택한 것을 할 수 있는 자유로움이다.

[적극적 자유]를 쟁취하기 위해서는 위험을 각오한

자기 세계로의 철저한 탈출이 필요하다.

이곳으로부터 탈출에 성공하면

그는 이제 자기 세계 속 리더이며

이 힘은 누구에 의해서도 억압되지 않는다.

[소극적 자유]는 일반적으로 유한성을 특징으로 하는 것과 달리,

[적극적 자유]는 무한성을 특징으로 한다.

[적극적 자유]는 생명이 끝나는 날까지 영원하며

생명이 지속하는 한, 활동을 계속한다.

2. 주제토론 : 소극적 자유와 적극적 자유

그러나 [적극적 자유] 소유자는 자유의 어려움을 알게 되는데
자유 속에 있는 불확정성 때문이다.

투쟁과 행동 없는 자유는
열두 살 소년도 불가함을 이미 알고 있다.
자유의 확실성을 타인은 보증하지 않는다.
타인에 의지하는 [소극적 자유]는
타인의 생각에 의해
모든 것이 한순간, 무너지기 때문이다.

우리가 얻으려 했던 자유에 대하여
정확히 인식하고 있는가?
만일 그것이 [소극적 자유]였다면
이제, 그로부터 즉시 탈피하여
[적극적 자유]를 위한 전진을 처음부터 다시 시작해야 할 것이다.

2. 주제토론 : 적극적 자유와 소극적 자유

문제 1. 두 자유의 차이를 비교하시오. (200자)
문제 2. 자신이 한 행동들이 적극적 자유인지 소극적 자유였는지 각각 예를 들어 설명하시오. (200자)

문제 1

200자

문제 2

400자

3. 고전 읽기

Friedrich Nietzsche (1844~1900)

3. 고전 읽기: 니체 (Nietzsche) 이야기 *

프리드리히 니체(Friedrich Nietzsche, 1844년~1900)는

자유정신을 주장한 독일의 실존 철학자이다.

'망치를 든 철학자이자 폭발적인 인간'

니체는 전통 사상들과 개념들을 대대적으로 재평가한 철학자였다.

그는 가치론, 존재론, 미학, 윤리학, 심리학 등에 큰 영향을 끼쳤다.

신은 죽었다. 우리의 문명도 죽었다.

악이 지배하는 세상을 보면서 신의 죽음을 주장했고

우리 모두가 신을 다시 살릴 것을 강력히 주장했다.

니체 이전의 서양전통에서는 이상적 세계를 '이데아 세계'라고 부르고 있었다.

니체는 이러한 구분에 반대하며

'지상에서의 삶, 지상에서의 존재를 사랑할 것'을 주장했다.

* Ref: 관련 백과사전 등 참고

3. 고전 읽기: 니체 (Nietzsche) 이야기

'자격을 위해 죽는다'는 것의 의미

"우리는 자신의 의견 때문에 목숨을 걸 필요는 없다.

자신의 의견에 대해 그 정도의 확신은 없기 때문이다.

그러나 우리는 분명히

자신의 의견을 가질 자격,

그것을 바꿀 자격을 갖기 위해서는,

그렇게 해야 할 것이다."

2. 소극적 자유와 적극적 자유

✱ '적극적 자유'를 가지기 위해
우리는 진리를 포기해서는 안 된다.
진리가 우리에게 '노예의 자유'가 아닌
진정한 '자유인의 자유'를 주기 때문이다.
거짓은 우리에게 노예의 자유를 강요한다.
'자유인의 자유'는 우리가 모두 자신의 자격을 인식하고
그것의 쟁취를 위해 노력할 때, 비로소 가능하다.

3. 고전 읽기: 니체, 인간적인 너무나 인간적인

제시문 1

자격을 위해 죽는다는 것 – 우리는 자신의 의견 때문에 목숨을 걸 필요는 없다. 자신의 의견에 대해 그 정도의 확신은 없기 때문이다. 그러나 우리는 분명히 자신의 의견을 가질 자격, 그것을 바꿀 자격을 갖기 위해서는, 그렇게 해야 할 것이다.

제시문 2

냉정함과 우아함 – 누가 그리스인보다 술에 더 많은 물을 타 마실 것인가! "냉정함과 우아함의 결합" 이것은 소포클레스 전후 아테네 인들의 고귀한 특권이었다. 그 힘을 가진 사람은 이것을 본받으라! 하루하루의 삶과 고귀한 창작에 있어서!

제시문 3

영웅의 모습 – 영웅의 원칙은 〈타인과 경쟁하거나, 다른 사람보다 우월함을 느끼지 않고, 위대한 일을 달성하는 것 또는 달성하지 않는 것〉이다. 영웅은 사람들이 들어올 수 없는 광야와 사람들로부터 떨어진 성역(聖域)을 항상 가지고 다니는 자이다.

3. 고전 읽기: 니체, 인간적인 너무나 인간적인

제시문 4

자연 속에서 자신을 발견함 – 때때로 우리는 자연환경에서 스스로를 재발견하고 즐거운 감정을 느낀다. 그것은 아름다운 자연의 분신이다.

그런데 〈이곳에서, 이 마을에서〉 그런 느낌을 갖는다면 얼마나 행복할까! 이 맑은 10월 공기에서, 아침부터 밤까지 장난스럽게 부는 바람의 숨결에서, 이 맑은 푸른색과 무한한 부드러운 시원한 공기에서, 이 고지의 언덕, 호수 및 숲이 하나로 합쳐진 완전히 우아하고 엄숙한 분위기 속에서, 모든 은빛 자연과 이탈리아, 핀란드의 고향인 것처럼 보이는 이 고장에서.

그리고 이렇게 말할 수 있는 사람들은 얼마나 행복하겠는가! "확실히 여기보다 자연에 훨씬 더 웅장하고 아름다운 점이 있을 것이다. 하지만 〈이곳, 여기〉는 내 마음을 열 수 있는 친밀하고 피가 이어진 고장, 상상 이상의 곳이다."라고 말할 수 있다면.

3. 고전 읽기: 니체, 인간적인 너무나 인간적인

문제 1 우리에게 자유를 주는 인간의 조건 4가지의 '제목'과 '핵심 내용'을 기술하시오.

제시문 1

제시문 2

제시문 3

제시문 4

3. 고전 읽기: 니체, 인간적인 너무나 인간적인

✱ **적극적 자유를 얻기 위한 인간의 조건 네 가지**

1. '자격'을 잃지 말라.

　인간으로서의 자격, 자신의 의견을 나타낼 자격, 자신의 생각을 선택할 자격을 잃어서는 안 된다.

2. '이성'을 잃지 말라.

　언제나 냉철한 이성, 맑은 정신을 잃지 말라. 죽을 때까지 절대, 한 번이라도 술에 취하지 말라.

3. '영웅적 삶'을 잃지 말라.

　사람들과 경쟁하지 말고 그들의 리더가 되라. 세상으로부터 이익을 얻으려 하지 말고 세상의 주인이 되어 세상을 경영하다 자연으로 돌아가라. 영웅은 사람들을 지배하는 자가 아닌 사람들을 이해하는 자이다. 영웅들은 자신만의 위대한 방식으로 살아가는 자이다.

4. '정다운 곳, 정다운 사람'을 잃지 말라.

　삶의 진정한 의미는 정다운 곳, 정다운 사람으로부터 발생한다. 삶의 진정한 의미는 멋있고 그럴듯한 곳이 아니라, 지금 우리가 살고 있는 곳에 존재한다.

4. 그림 논술

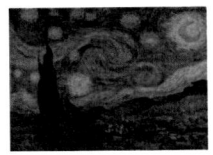

20개의 그림을 보고, 고흐의 적극적 자유 세 가지를 구체적으로 찾아 기술하시오.

4. 그림 논술

2. 소극적 자유와 적극적 자유에 대하여

4. 그림 논술

4. 그림 논술

2. 소극적 자유와 적극적 자유에 대하여

4. 천자문

日(날 일) 月(달 월) 盈(찰 영) 昃(기울 측)
해와 달은 차고 기울며

辰(별 진) 宿(별자리 수) 列(벌일 열) 張(베풀 장)
성좌는 하늘에 넓게 펼쳐져 있다.

일월영측 이요   진수열장 이라.
日月盈昃이요   辰宿列張이라.

해와 달이 차고 기울어도 해와 달은 항상 거기에 있고 별들도 항상 빛나고 있다.
자신이 그 별이 되라.

[한자 세 번, 뜻 한 번을 쓰시오]

4. 명심보감 (明心寶鑑)

계성편(戒性篇)

忍一時之氣 면　　免百日之憂 라.
인일시지기 면　　면백일지우 라.

한 때의 감정(기분, 화)을 참으면
백일의 근심을 막는다.

참을 줄 아는 자만이
군자의 자격이 있다.

[한자 두 번, 뜻 한 번을 쓰시오]

7. 논술 / 글쓰기

〈물음〉 1

물음에 대한 자신의 생각을 자유롭게 논술하시오.
 단, 다음 내용이 포함되도록 함.
   . 물음에 대해 한 문장으로 명확하게 표현된 자신의 대답
   . 자신의 대답에 대한 근거

> 인간은 근본적으로 선한 존재인가, 악한 존재인가? (300자)

* 철학 올림피아드 문제

〈물음〉 2

> 사람이 선해지기 위한 방법은 무엇인가? (300자)

※ 읽었던 책이나 봤던 영화 또는 자신의 경험 등을 자신의 대답에 대한 근거로 활용할 것.
   . 착한 사람도 유혹에 빠져 악하게 되는 예
   . 악한 사람도 참회하여 착하게 되는 예

답안

⟨물음⟩ 1

200자

400자

⟨물음⟩ 2

600자

인문고전 추천 2

안데르센 동화집 (안데르센)

- ❖ 인어공주
- ❖ 성냥팔이 소녀
- ❖ 벌거숭이 임금님
- ❖ 미운 오리 새끼
- ❖ 엄지 공주
- ❖ 꿋꿋한 주석 병정
- ❖ 야생의 백조
- ❖ 나이팅게일
- ❖ 즉흥시인
- ❖ 분홍신
- ❖ 눈의 여왕

독서노트 (2차)

[안데르센 동화집에 흐르는 정신(교훈)에 대하여]

1. **저자**: 안데르센
2. **도서**: 안데르센 동화집
3. **독서노트**

    (1) 안데르센 동화 중 자신의 마음을 움직이는 3가지 이야기를 정리하시오. (각 300자)

    (2) 각 이야기의 제목을 다시 만들고, 단문(한 문장)으로 표현하시오.

    (예) 제목: 영원한 우정, 단문: 같이 기뻐해 주는 자가 진정한 친구이다.

    (3) 각 이야기에서 나타내고자 하는 내용에서 공통적으로 흐르는 주제를 도출하고, 그 이유를 구체적으로 서술하시오. (400자)

4. **기간 : 2주**

독서노트

(1) 안데르센 동화 중 자신의 마음을 움직이는 3가지 이야기를 정리하시오. (각 300자)

1.

2.

독서노트

(1) 안데르센 동화 중 자신의 마음을 움직이는 3가지 이야기를 정리하시오. (각 300자)

3.

200자

400자

600자

독서노트

(2) 각 3가지 이야기의 제목을 만들고 단문으로 표현하시오.

1.

2.

3.

독서노트

(3) 각 이야기에서 나타내고자 하는 내용에서 공통적으로 흐르는 주제(교훈)를 도출하고 그 이유를 구체적으로 서술하시오. (400자)

200자

400자

600자

Summary

1. 나에 대하여

 : 자신의 두 번째, 세 번째 꿈에 대하여 이야기 하시오.

 (두 번째, 세 번째 꿈과 그 이유 그리고 첫 번째 꿈과의 관계)

2. 주제토론수업

 : 적극적 자유와 소극적 자유

3. 니체 이야기

 : 신은 죽었다. 우리의 문명도 죽었다.

4. 고전 읽기

 : 니체, 인간적인 너무나 인간적인

5. 그림 논술

 : 사람들이 왜 고흐 그림을 좋아하는지 자신이 생각하는 세가지 이유

6. 천자문 / 명심보감

7. 논술 / 글쓰기

 : 인간은 근본적으로 선한 존재인가, 악한 존재인가?

소극적 자유와 적극적 자유에 대하여

✱ 2. 소극적 자유와 적극적 자유에 대하여 자신의 생각을 종합하시오.

약자는 비굴함을 참지 못 한다.
강자는 때때로 비굴함을 즐긴다.

- 진리의서, 자유정신사 -

3. 자유 의지에 대하여

우리는 지금 세상에 만족하는가?

우리가 살고 있는 세상에 또 하나의 세상을 만들어보자.
하나의 세상만을 살 필요는 없지 않은가?

3. 자유 의지

✽ 우리 세상은 이성적 합리적 세상이다.
이 세상은 도덕, 규칙, 법률로 구성되며
우리 삶을 유지해 주는 기본적 세상이다.
만일 이 세상이 없다면 큰길 도로는 교통사고로 가득할 것이며
힘 있는 자들이 우리 삶을 지배할 것이다.
 이 소중한 세상에 큰 단점이 있다.
그것은 정해진 길을 가야 한다는 것이다.
초등학교, 중학교, 고등학교 대학교, 취직, 대리, 과장, 차장, 부장, 임원, 그리고 은퇴 후 죽음이다.
이 세상에서 성공하려면 자유로부터 멀어진다.

✽ 여기서 우리는 자유 의지적 세상을 만든다.
자유 의지는 자신의 생각대로 하려고 하는 마음이다.
이 세상은 모험, 공상, 의욕으로 가득한 세상이다.
이익이 되지 않을 수 있고 실패가 많다.
이번 강의에서는 이익이 되지 않음에도
우리가 왜 자유 의지적 세상을 만들어야 하는지에 대하여
생각해 보자.

1. 나에 대하여

자신의 세 가지 꿈에서 그 가치를 각각 도출하고
세 가지 가치에서 공통적으로 흐르는 핵심 가치를 찾아 기술하시오.
(이유를 함께 기술할 것)

200자

400자

2. 고전읽기

도스토예프스키   지하생활자의 수기

2. 고전읽기: 도스토예프스키, 지하생활자의 수기

[제시문 1] 예를 들어 은혜도 모르며 자신보다 타인을 멸시하는 빛을 띤 타락한 신사가 분별로 가득한 그리고 거만한 모습으로 특별한 동기도 없이 갑자기 사람들 앞에 나와서 사람들을 향해 "여러분, 이따위 합리적인 세계는 한껏 걷어차 부숴 버립시다! 글쎄, 다른 목적이 있어서가 아니라, 이 손익표는 악마에게나 주어 버리고, 다시 우리 자신의 어리석은 의지대로 살아보는 것이 어떻겠소!"라고 시끄럽게 말한다 해도 나는 조금도 놀라지 않겠다. 사실, 이 정도는 대수롭진 않지만, 기분이 상하는 것은 반드시 동조자가 나타난다는 것이다. 하긴 그렇게 뻔뻔한 게, 인간이니까.

[제시문 2] 이것은 입에 담을 가치도 없는 의미 없는 원인에 기인한다. 즉, 인간은 언제 어디서나 이성이나 이익이 명령하는 것을 따르기보다는 자신이 하고 싶어 하는 일을 하는 경향이 있기 때문이다. 비록, 자신의 이익에 반하는 경우도 있지만, 어쩌겠는가? 또한 무언가 잘못되더라도 반드시 그렇게 해야 하는 경우도 있다. (나는 이미 그런 경향이지만)

[제시문 3] 「자신의 자유로운 의지, 아무리 터무니없는 것이라도 어쨌든 자신의 변덕, 미쳤다고 해도 좋으니 어쨌든 자신의 공상」 어쩌면 이것이야말로 세상 사람들이 모르고 있는 가장 큰 이익이다. 이는 어떤 분류에도 속하지 않는 이익이며, 또한 이에는 어떠한 이론도 적용되지 않는다.

2. 고전읽기: 도스토예프스키, 지하생활자의 수기

[제시문 4] 인간에게 유익한 도덕적 의욕이 필요하다고 확신하는 저 현명한 사람들은 도대체 그 근거가 무엇인가? 그들은 왜, 마치 판에 박은 것처럼 합리적이고 유익한 동기를 가져야 한다는 망상을 일으켰을까? 우리에게 가장 필요한 것은 자신의 독자적 자유의지이다. 이 자유의지의 비용이 아무리 비싸더라도, 그 결과가 나쁘더라도, 그것은 아무 문제가 되지 않는다. 실제로, 이 자유의지보다 다루기 어려운 일은 없을 것이다.

2. 고전읽기: 도스토예프스키, 지하생활자의 수기

문제 1. 제시문 1~4를 [형용사+명사]와 [한 문장]으로 각각 요약하시오.
문제 2. 자유의지의 특징을 모두 기술하시오. (150자)
문제 3. [변덕스런 자유의지]의 장단점을 [합리적이고 도덕적인 의욕]과 비교 하시오. (150자)

답안

문제 1

제시문 1

제시문 2

제시문 3

제시문 4

문제 2

문제 3

도스토예프스키 (1821-1881)

3. 도스토예프스키 이야기

1846년 첫 작품 〈가난한 사람들〉로

비평가 벨린스키로부터 '제2의 고골리'라는 극찬을 받으며

화려하게 문단에 데뷔했다.

데뷔는 화려했지만 이어서 발표한

〈백야〉와 〈분신〉 등은 혹평을 면치 못했다.

인간 심리에 대한 놀라운 이해를 바탕으로 한 실존주의 창시자

그의 소설은 흔히 이질적, 극단적 심리의 인물을 등장시키면서

인간 심리에 대한 놀라운 이해력을 보여주고

당대 러시아의 정치, 사회, 정신세계 등을 날카롭게 분석했다.

그를 실존주의의 창시자로 여기기도 하는데,

발터 카우프만은 도스토예프스키의 소설 〈지하생활자의 수기〉를

"실존주의를 위한 최고의 서곡"이라 묘사한 바 있다.

* Ref: 관련 백과사전 등 참고

3. 도스토예프스키 이야기

작품

가난한 사람들(Бедные люди), 1846

분신(Двойник: Петербургская поэма), 1846

네또츠까 네즈바노바(Неточка Незванова), 1849

아저씨의 꿈(Дядюшкин сон), 1859

스쩨빤치꼬보 마을사람들(Село Степанчиково и его обитатели), 1859

상처받은 사람들(Униженные и оскорбленные), 1861

죽음의 집의 기록(Записки из мертвого дома), 1862

지하생활자의 수기(Записки из подполья), 1864

죄와 벌(Преступление и наказание), 1866

노름꾼(Игрок), 1867 백치(Идиот), 1869

영원한 남편(Вечный муж), 1870

악령(Бесы), 1872

미성년(Подросток), 1875

까라마조프가의 형제들(Братья Карамазовы), 1880

4. 주제 토론 : 자유의지

자유의지

나는 지하 생활에서 당신들이 내 반 만큼도
시도할 엄두도 내지 못했던 것을 극단까지 수행했다.
아마도 당신들에 비하면 내가 훨씬 더
자유롭게 살고 있다고 할 수 있다.

당신들은 자신의 비겁함을 세련됨이라 생각하면서
스스로 위안으로 삼고 있는 것이며
또한 당신들은 무언가 열심히 하지만 결국
좀 더 '일반적인 인간'이 돼 보려고
열렬히 시도하고 있을 뿐이다.

* Ref: 도스토예프스키, 지하생활자의 수기

4. 주제 토론 : 자유의지

자유를 향한 의지는

사람을 왕으로 만들기도 하고

노예로 만들기도 한다.

타인을 자유롭게 하는 자는 왕이고

타인으로부터 자유를 얻으려는 자는 노예이다.

왕은 주려고만 하는 자이고

노예는 얻으려고만 하는 자이기 때문이다.

타인을 잘 이용하고 타인으로부터 많은 이익을 얻어서

스스로 현명하다고 생각하는 자는

보통 노예근성을 가진 자이다.

자유에 의지가 더해지면

그것은 우리 삶의 캔버스를 다시 하얗게 만들며

이 마법을 발휘하는 자유의지는 다행히도

언제 어디서나 그리고 누구든 가능하다.

4. 주제 토론 : 자유의지

문제 1. 자기 삶에서 자신의 이성적·합리적 세상 세 가지, 자유의지적 세상 세 가지를 자세히 기술하시오. (400자)

답안

200자

400자

600자

5. 연상글짓기 : 우리 일상 속 자유의지

산책 중 주변의 모습을 기억하고, 그 속에서 자유의지와
이성적 합리적 세상(반자유의지)을 발견, 각 세 가지씩 기술하시오.

6. 천자문 (3/125)

寒(찰 한) 來(올 래) 暑(더울 서) 往(갈 왕)

찬 것이 오면 더운 것이 가고

秋(가을 추) 收(거둘 수) 冬(겨울 동) 藏(감출 장)

가을에는 거두고 겨울에 저장한다.

　　　　한래서왕　　　　추수동장
　　　寒來暑往이요　秋收冬藏이라.

좋고 나쁨은 항상 번갈아 오는 법이며
모든 일에는 해야 할 때가 있는 법이다.

[한자 세 번, 뜻 한 번을 쓰시오]

6. 명심보감 (明心寶鑑)

계성편(戒性篇)

**屈己者 能處重(굴기자 능처중) 이요
好勝者 必遇敵(호승자 필우적) 이라.**

자신을 굽히는 자는 능히 사람들과 어울릴 것이요
이기는 것만을 좋아하는 자는 반드시 적을 만날 것이다.

자신을 낮추는 자만이
군자의 자격이 있다.

[한자 두 번, 뜻 한 번을 쓰시오]

인문고전 추천 3

톨스토이 단편집 (톨스토이)

[단편]

❖ 사람은 무엇으로 사는가?
❖ 사람에겐 얼마만큼의 땅이 필요한가?
❖ 바보이반

독서노트 (3차)

[톨스토이 단편에 흐르는 정신(교훈)에 대하여]

1. 저자: 톨스토이

2. 도서: (톨스토이 단편집) 사람은 무엇으로 사는가?
    (1) 사람은 무엇으로 사는가?
    (2) 사람에겐 얼마만큼의 땅이 필요한가?
    (3) 바보이반

3. 독서노트
    (1) 각 단편 주요 등장인물 3명(총9명)의 특징을 요약 서술하시오. (각 200자)
    (2) 각 단편의 내용을 요약 서술하시오. (각 200자)
    (3) 각 단편에서 톨스토이가 이야기하고 싶어했던 내용을 요약 서술하시오. (각 200자)
    (4) 각 단편에서 나타내고자 하는 내용에서 공통적으로 흐르는 주제(교훈, 가치)를 도출하고 그 이유를 서술하시오. (총 200자)

4. 기간 : 2주

독서노트

(1) 각 단편 주요 등장인물 3명(총9명)의 특징을 요약 서술하시오. (각 200자)

　　- 사람은 무엇으로 사는가?

200자

　　- 사람에겐 얼마 만큼의 땅이 필요한가?

400자

　　- 바보 이반

600자

독서노트

(2) 각 단편의 내용을 요약 서술하시오. (각 200자)

- 사람은 무엇으로 사는가?

- 사람에겐 얼마 만큼의 땅이 필요한가?

- 바보 이반

독서노트

(3) 각 단편에서 톨스토이가 이야기하고 싶어했던 내용을 요약 서술하시오. (각 200자)

- 사람은 무엇으로 사는가?

200자

- 사람에겐 얼마 만큼의 땅이 필요한가?

400자

- 바보 이반

600자

독서노트

(4) 각 단편에서 나타내고자 하는 내용에서 공통적으로 흐르는 주제를 도출하고 그 이유를 자세히 서술하시오. (총 300자)

Summary

1. 나에 대하여
  : 자신의 3가지 꿈에서 공통적으로 흐르는 가치를 찾아 기술하시오. (각 꿈과의 연계성 구체적 기술)

2. 고전 읽기 : 도스토예프스키, 지하생활자의수기

3. 도스토예프스키 이야기

4. 주제 토론
  : 자유 의지

5. 연상 글짓기
  : 우리 일상 속 자유 의지

6. 천자문 / 명심보감

7. 독서노트
  : 톨스토이 단편에 흐르는 정신에 대하여

자유의지에 대하여

✱ 3. 자유의지에 대하여 자신의 생각을 종합하시오.

4. 자유로운 일, 자유를 주는 일에 대하여

자유를 원하는가?

자유는
농부가 자연에서 신의 선물을 수확하듯
끊임없이 준비하는 자에게만 주어지는 선물이다.

4. 자유로운 일 / 자유를 주는 일

✽ '자유로운 일'은 자기가 하고 싶은 일을 하는 것이다.
그것은 편안한 일일 수도 있고 즐거운 일일 수도 있다.
하지만 자유롭기 위해서는 자유가 저금 된 통장에
잔고가 남아있어야 한다.

✽ '자유를 주는 일'은 저금통장에 자유를 저금하는 일이다.
해야 하는 것을 하는 일이며
학생들은 공부, 어른들은 생계를 위한 일이 그것이다.
'자유를 주는 일'에 대하여 받아들이고 그것을 수행하지 않는다면
오래지 않아 우리 곁에서 자유는 사라져 갈 것이다.

✽ '자유로운 일'과 '자유를 주는 일'은
시간에 따라, 상황에 따라 적절히 균형을 이루어야 한다.
'자유를 주는 일'만 한다면 자유를 저금만 해 놓고
쓰지 못한 채 죽음을 맞이할 것이기 때문이다.

1. 나에 대하여

- 꿈의 3단계 -

아래 8가지 직업을 가진 사람이 가질 수 있는 2단계 꿈을 기술하시오.
(운동선수, 가수, 공무원, 선생님, 변호사, 의사, 과학자, 신부님)
마지막에 자신의 '가치를 위한 꿈'을 기술하시오.

200자

400자

4. 자유로운 일 / 자유를 주는 일

✻ 1단계 꿈
'직업을 위한 꿈'이다.
직업은 생계를 위해 돈을 버는 중요한 일이다.
취미와 직업을 혼동해서는 안 된다.
우리는 최소한 세 개의 직업을 목표로 하여
자신의 직업을 위한 꿈의 면적을 만들어놔야 한다.
이렇게 되면 자신의 '직업을 위한 꿈'은
무한히 많은 후보가 드러난다.

✻ 2단계 꿈
'가치를 위한 꿈'이다.
내가 어떤 가치를 위해 사는지에 대한 목표이다.
가치는 다른 사람들에게 무엇인가 기여할 때 발생한다.
자신만을 위한 일은 사회적으로 가치 있다고 평가하지 않는다.
[사람들에게 '무엇'을 제공함]으로 표현된다.
그것은 사랑일 수도, 즐거움일 수도, 정의일 수도,
평등일 수도, 편리함일 수도 있다.

✻ 3단계 꿈
'행복을 위한 꿈'이다.
행복을 위한 꿈은 좀 더 복잡하다. (61강에서 수업 예정)
더 많은 지식과 지혜로움, 철학이 필요하기 때문이다.
행복을 위한 꿈은 갖지 못하는 경우도 많다.

2. 고전 읽기 : 아우렐리우스, 명상록

명상록

2. 고전 읽기 : 아우렐리우스 이야기

아우렐리우스(Marcus Aurelius)는 로마 16대 황제(121~180)이다.
'철인황제(哲人皇帝)'로 불리며, 로마 오현제 중 한 사람이다.

자신을 향한 고백, 『명상록』

『명상록』은 사적인 일기, 즉 내밀한 자신의 이야기이다.
자신의 사적인 감상을 자신의 세계관,
즉 스토아철학의 기본 틀 밑에서 표현하고 있는 내적 일기이다.

그는 명상록을 통해 스토아철학의
기본 사상인 금욕적 삶, 이성적 삶을
차분히 저술하고 있다.

* Ref: 관련 백과사전 등 참고

2. 고전 읽기 : 아우렐리우스 / 명상록

〈제시문〉 1

진리는 운명에 좌절하지 않고 "자유에 이르게 하는 삶의 기술"

진리는 어렵고 딱딱한 지식이 아니라 가장 쉽고 필요한 지식

의사들이 어느 때나 그들의 기술을 필요로 하는 경우를 대비하여
항상 진료 도구와 칼을 간직하고 있듯이
그대도 신의 일 또는 인간의 일을 이해하기 위하여,
또는 신과 인간을 상호 결합하는 긴밀한 유대를 염두에 두고
어떤 사소한 일일지라도 편안히 처리해낼 수 있기 위해
그 대비로서 항상 근본원리를 갖추도록 하라.

여기서 '근본 원리'는 진리를 가리킨다.
진리는 이론이 아니라 기술(技術)이다.
그것은 의사들의 치료 기술과도 같은 것이다.

진리는 무엇의 기술인가?
자유를 주는 삶의 기술이다.
삶의 운명에 좌절하지 않고
운명을 용감히 받아들이게끔 인도하는 기술인 것이다.

4. 자유로운 일, 자유를 주는 일에 대하여

2. 고전 읽기 : 아우렐리우스 / 명상록

〈제시문〉 2

자유에 편안한 행복을 연결하는 것은

스무 살 시절 잠깐으로 충분하다.

자유는 모험과 투쟁 상태이니,

편안하면 대부분 자유롭지 않으며

불편한 모험과 계속된 투쟁만이 우리를 자유롭게 할 것이다.

자유는 정신적 상태이고 육체적 자유는 나태일 뿐이다.

힘들고 불편함, 고된 노동에, 이렇게 말하라.

"그 일이 자유로운가를 생각하지 말고

그 일이 나에게 자유를 주는가를 숙고하라."

〈제시문〉 3

만일 그렇다면, 그것이 고난의 길이라도 기꺼이 뚫고 나아가라.

가진 것과 능력이 없다는 것은 오해이다.

당신은 재력, 암기력과 재치가 부족할 수 있다.

2. 고전 읽기 : 아우렐리우스 / 명상록

상관없다. "그런 것에는 소질이 없다"라고 말할 수 있으면 된다.

그 말을 할 수 있는 당신은 수많은 다른 특질이 있기 때문이다.

그것들은 당신 안에 이미 존재하니

[성실, 융화, 근면, 냉정] 연마에 소홀하지 않다면

당신은 모두 가질 수 있다.

단, 검소할 것이며, 절제하고 솔직하라.

〈제시문〉 4

그런 장점을 발휘할 능력이 없다느니, 소질이 없다느니 하는 말은

자신의 저급한 상태를 유지하려는 변명일 뿐이다.

다투고, 탐하고, 인색하고, 아첨하고, 불평하고, 비굴하고, 교만하고,

방황하며 불안해하는 것을 타고난 능력 부족으로 변명하고 싶은가?

"자신 속에 감춰져 있는 행복의 씨를 뿌리고

쓰러져 죽을 때까지 열심히 경작하라."

2. 고전 읽기 : 아우렐리우스 / 명상록

각 제시문의 제목을 정하고 내용을 요약, 설명하시오. (각 100자)
('자유로운 일 / 자유를 주는 일' 관점으로 기술)

제시문 1

제시문 2

제시문 3

제시문 4

4. 자유로운 일 / 자유를 주는 일

✽ 성공으로 이끄는 일곱 가지 덕목이다.
우리가 아무리 능력이 별로 없다고 하더라도
성실, 융화, 근면, 냉정, 겸손, 절제, 솔직하다면
아무런 어려움 없이 세상을 살아갈 수 있다.

✽ 돈이 없다거나 머리가 나쁘다거나 다른 어려움이 있다거나 하면
그렇지 않은 사람보다 조금 뒤처질 수는 있지만
우리가 그 뒤처짐을 어느 정도 인정하고
성실, 융화, 근면, 냉정, 겸손, 절제, 솔직하게 살아간다면
아무런 문제 없이 행복할 수 있다.

3. 주제토론: 우리가 바라는 세상

우리가 원하는 미래 세상의 모습은 무엇인가? (8가지)

1.

2.

3.

4.

5.

6.

7.

8.

4. 자유로운 일 / 자유를 주는 일

✼ 우리가 원하는 미래 세상의 모습은 무엇인가?
의학 기술 발달로 병이 없는 세상인가?
환경 오염이 없는 세상인가?
살기가 좋아져 범죄가 없는 세상인가?
과학 기술로 하늘을 나는 자동차를 타고 다니는 세상인가?

✼ 그런데 그런 세상은 누가 만드는가?
꿈이 없다는 말은 이제 다시는 하지 말라.

3. 주제 토론: 자유로운 일 / 자유를 주는 일

우리는 자유롭고 또 편안한가

자유는 걱정 없이 편안하고 행복한 것이다.
그리고 우리 모두, 의지(意志)한다면 자유롭게 될 수 있다.
오래된 거짓이다.
우리 삶, 대부분은 그렇지 못하다.
앞으로도 오랫동안 그렇지 못할 것이다.

자유는 모험과 투쟁 상태이다.
자유는 자유이고 편안함은 편안함이다.
우리는 둘을 연결시켜, 오류의 근원을 만들어서는 안 된다.

**편안함을 원한다면 자유를 포기하고
작은 방에서 조용히 편안함을 만끽하면 될 것이다.**

편안하면 대부분, 자유롭지 않다.
불편한 모험과 계속된 투쟁만이 우리를 자유롭게 할 것이다.

자유는 정신적 상태이다. 육체적 자유는 나태일 뿐이다.

3. 주제 토론: 자유로운 일 / 자유를 주는 일

육체적 편안함과 자유를 주는 일에 대하여
둘의 공통점과 차이점을 비교하여 기술하시오. (600자)

200자

400자

4. 자유로운 일 / 자유를 주는 일

✽ 편안함과 자유로움의 공통점은
두 상태로부터 모두 행복감을 느낀다는 것이다.
또 다른 공통점은 두 상태에서 모두
자신이 자유롭다고 느낀다는 것이다.

✽ 편안함과 자유로움의 차이점은
그 특징에 있어, 전자는 육체적이며
후자는 정신적이라는 것이다.
장점에 있어, 전자는 즉각적 만족감을 주며
후자는 깊이 있는 만족감을 준다는 것이다.
단점에 있어, 전자는 나태함에 빠지기 쉽다는 것이며
후자는 도전의 실패로 인한 일시적 퇴보의 위험성이 있다는 것이다.
편안함은 자유로운 일이며
진정한 자유로움은 우리에게 자유를 주는 일이다.

4. 천자문 (4/125)

閏(윤달 윤) 餘(남을 여) 成(이룰 성) 歲(해 세)
차고 넘침이 세상을 이루고

律(가락 률) 呂(음률 려) 調(고를 조) 陽(볕 양)
가락과 음률이 빛을 고른다.

윤여성세
閏餘成歲하고

율려조양
律呂調陽하라.

차고 넘침으로 세상을 이롭게 하고
기쁨과 즐거움으로 사람에게 따뜻함을 선사하라.

[한자 세 번, 뜻 한 번을 쓰시오]

4. 명심보감 (明心寶鑑)

계성편(戒性篇)

小勇者 血氣之怒也   소용자 혈기지노야
大勇者 禮義之怒也   대용자 예의지노야

작은 용기는 혈기의 노여움이요, 큰 용기는 예와 의에서 나오는 용기이다.
혈기의 노여움은 있어서는 안 되나, 예와 의의 노여움은 없어서는 안 된다.

자신을 위해 화내지 않고, 사람들을 위해 화내는 자만이
군자의 자격이 있다.

[한자 두 번, 뜻 한 번을 쓰시오]

7. 논술 / 글쓰기

[문제] 아래 상황에 대한 자신의 입장을 구성하여 설득력 있게 피력하시오.*

> 나는 10대 청소년, 중학생이다.
>
> 인간의 미래를 정확히 예측하는 누군가가 내게 나의 30년 후의 모습을 알려줄 수 있다고 한다. 나는 이 제안을 받아들일 것인가, 아니면 거절할 것인가? 다시 말해, 내 미래의 모습을 아는 것이 더 좋을까, 모르는 것이 더 좋을까?
>
> 이러한 선택의 상황에서 내가 생각해보고 점검해 봐야 할 것들이 많이 있을 것이다. 내게 충분한 시간이 주어졌다고 가정할 때, 나는 무엇을 어떻게 생각해보고 결정할 것인가?
>
> 자, 나의 선택은 어느 쪽이고 그 이유는 무엇인지 자신의 견해를 밝히시오. (600~800자)
>
> ※ 단, 답변을 구성할 때 (1) 위의 문제 상황에 대한 이해와 분석, (2) 어느 쪽을 선택할지에 대한 자신의 분명한 입장과 적절한 이유(근거), (3) 자신의 견해를 지지해줄 구체적인 예시 등이 들어가도록 합니다.

* 철학 올림피아드 문제

답안

인문고전 추천 4

그림 동화집 (그림 형제)

- ❖ 백설공주
- ❖ 잠자는 숲 속의 미녀
- ❖ 라푼첼
- ❖ 신데렐라
- ❖ 헨젤과 그레텔
- ❖ 늑대와 일곱 마리 아기 염소
- ❖ 개구리 왕자
- ❖ 브레멘 음악대

4. 자유로운 일, 자유를 주는 일에 대하여

독서노트

[그림 동화에 흐르는 정신에 대하여]

1. 저자: 그림 형제

2. 도서: 라푼첼 / 추가 1편

3. 독서노트

   (1) 두 이야기의 주요 등장 인물 5명의 기술하시오. (300/300자)

   (2) 두 이야기를 등장 인물 중심으로 요약하시오. (300/300자)

   (3) 두 이야기의 감명 깊었던 내용 두 가지씩을 각각 요약 기술하시오. (300/300 자)

   (4) '라푼첼'과 '추가1편'에 흐르는 3가지 정신(교훈)에 대하여 각각 기술하시오. (300/300자)

4. 기간 : 2주

독서노트

(1) 두 이야기의 주요 등장 인물 5명의 기술하시오. (300/300자)

독서노트

(2) 두 이야기를 등장 인물 중심으로 요약하시오. (300/300자)

독서노트

(3) 두 이야기의 감명 깊었던 내용 두 가지씩을 각각 요약 기술하시오. (300/300 자)

독서노트

(4) '라푼첼'과 '추가1편'에 흐르는 3가지 정신(교훈)에 대하여 각각 기술하시오. (300/300자)

Summary

1. 나에 대하여

: 아래 8가지 직업을 가진 사람이 가질 수 있는 2단계 꿈을 기술하시오. (운동선수, 가수, 공무원, 선생님, 변호사, 의사, 과학자, 신부님)

2. 고전읽기

: 아우렐리우스, 명상록

3. 주제토론

: 우리는 자유롭고 또 편안한가?
: 우리가 원하는 미래 세상의 모습

4. 천자문 / 명심보감

5. 독서노트

: 그림 동화집 (그림 형제)

자유로운 일, 자유를 주는 일에 대하여

✽ 4. 자유로운 일, 자유를 주는 일에 대하여
   자신의 생각을 종합하시오.

5. 개별의지에 대하여

창조적 삶(자유로운 삶)을 원하는가?

삶을 창조적으로 만들려면
자유의지를 기반으로 한 개별의지가
삶에서 행동으로 이어질 때 비로소 가능하다.

5. 개별의지

✽ 개별(행동)의지란 우리가 실제로 무언가 목적을 이루기 위해
행동까지 이어지는 실천적 의지를 말한다.
단지 머릿속에서만 하려고 하는 것이 아니라
우리 삶을 바꾸기 위해 어제, 오늘 그리고 내일
하루하루 실제로 하는 일에 대한 의지를 말한다.

✽ 개별(행동)의지가 없다면 우리 삶은 크게 변화하지 않으며
우리가 원하는 창조적 삶은
생각만의, 말로만의 창조적 삶으로 그칠 것이다.
실제적 창조적 삶의 기원은 개별의지이다.

1. 나에 대하여

자신의 꿈(세 가지)을 이루기 위한
개별(행동)의지 세가지를 각각 기술하시오.

200자

400자

2. 고전 읽기 : 루소

Jean-Jacques Rousseau
(1712~1778)

2. 고전 읽기 : 루소, 인간불평등기원론

프랑스 계몽주의 철학자 (제시문 1)

장자크 루소(Jean-Jacques Rousseau, 1712~ 1778)는
사회계약론, 직접민주주의를 주장한
계몽주의 프랑스 철학자이다.
물질과 정신은 함께 영원히 존재하는 원리라고 보는
이원론의 입장에 섰으며
도덕적 관념을 생득적이라고 보았다.

사회학적으로는 봉건적 전제 지배를 격렬하게 공격하고
민주주의를 지지하고 시민의 자유를 강조했다.
출신과 관계없이 인간은 평등하다고 보고
불평등은 사유재산에 있다고 했다.
소소유(小所有)만을 인정하고, 노동을 높이 평가했다.

인간의 자연 상태는 만인의 만인에 대한 투쟁이라는
홉스(리바이어던)의 주장과는 달리
우리 사회는 우정과 조화가 지배하고 있다고 설명하고
사회계약을 통해
이 자연 상태를 회복할 것을 주장했다.
그의 사상은 프랑스 혁명 과정에서 결정적 작용을 했다.

* Ref: 관련 백과사전 등 참고

2. 고전 읽기 : 루소, 인간불평등기원론

주요 사상 1: 평등 (제시문 2)

루소의 사상을 대표한다고 할 수 있는 일반의지는
마치 공자의 사상이 간단히 인(仁)으로 상징되어
논란이 끊이지 않듯이 논쟁적인 개념이다.
루소는 사상 최초로 인간 평등문제를
실천적으로 파고든 철저한 평등주의자다.
계몽철학자들도 평등을 주장했지만, 당위적, 철학적 차원에서였고
사실상 엘리트주의였다.

천재 철학자 칸트조차도 철저한 엘리트주의를 자처했다.
칸트는 루소의 《인간불평등기원론》을 읽고는
번개를 맞은 듯 깨달음을 얻었다면서 이렇게 말했다.
"나는 천성적으로 진리를 추구하는 자로
지식만이 인류의 영광을 이룬다고 믿어 왔다.
아무것도 모르는 평범한 대중을 경멸했다.
루소를 읽고는 이런 맹목적 편견이 사라졌다.
나는 인간성에 대한 존경심으로 도덕적 평등주의자가 됐다."

* Ref: 관련 백과사전 등 참고

2. 고전 읽기 : 루소, 인간불평등기원론

주요 사상 2 : 자연으로 돌아가라 (제시문 3)

문명이 아닌 자연으로 돌아가라는 의미로 이해되고 있지만
그 정확한 진의가 무엇인지는 불명확하다.

루소는 "인간은 자유롭게 태어났지만
사회 속에서 쇠사슬에 묶여 있다." 함으로써
그의 자연 철학에 대한 본질을 유추할 수 있게 해준다.
루소는 문명을 거부한 것이 아니고
자유롭고 평등하지 못한 문명사회의 부조리와 모순을 비판하고
새로운 대안을 제시하려 했다.

자연(nature)은 본성이라는 의미도 있는 만큼
인간의 천부적 자연권인 자유와 평등의 보장을
무엇보다 강조한 것으로 볼 수 있다.

따라서 그는 이 말을 통해
자연의 낭만성과 야성이 아니라
평화롭고 자유로운 평등한 사회의 원형을 복원할 것을
세상에 강력히 주장했다.

* Ref: 관련 백과사전 등 참고

2. 고전 읽기 : 루소, 인간불평등기원론

루소 / 인간불평등기원론

문제 1 제목을 도출하고 핵심내용을 요약하시오. (각 150자)

제시문 1

제시문 2

제시문 3

2. 고전 읽기 : 루소, 인간불평등기원론

루소 / 인간불평등기원론

문제 2 우리가 자유롭지 못한 이유를 기술하시오.

200자

400자

3. 주제토론 : 창조적 꿈

자유로운 창조를 막는 우리의 쇠사슬

"인간은 자유롭게 태어났으나
자랑스러운 우리 사회에서 쇠사슬에 묶여 있다."
〈인간 불평등 기원론〉

그 사슬은 삶의 꿈, 목표 오인에 기인하고
자유는 사슬을 끊는 자에게만 제공된다.

우리 삶의 목표는 재력 · 권력 · 명예와 같이
타인과의 관계와 평가에 의해 결정되어 가는
대타적(對他的) 물질목표-[차갑고 무거운 것]이 아닌
평등 · 자유 · 정의 · 사랑 · 평화 · 탐구 · 탐험 · 나눔 같이
각 개별자가 직접 만들어 가는
대자적(對自的) 정신목표-[따뜻하고 가벼운 것]이어야 한다.

따뜻하고 가벼운 개별 가치의 특징은 삶의 목표를
[작지만 조금씩, 누구나, 언제나 그리고 지금]
가능하게 한다는 것이니
소박하고 숭고한 삶이 바로 우리 옆에 있다.

10년 후에야 이룰 수 있는 꿈은 악마의 목표이다.

3. 주제토론 : 창조적 꿈

자유로운 창조를 막는 우리의 쇠사슬

문제 우리가 자유로운 창조적 꿈을 이루기 위한 방법을 제안하시오.

3. 주제토론 : 창조의 힘, 개별의지

우리는 어떻게 창조적으로 재탄생하는가?

창조적 삶은 우리의 생각과 행동을, 자신의 자유의지적 삶과 일치시키는 [삶의 개별화, 실존]을 의미한다. 이를 통하여 생각과 행동을 드디어 삶과 일치시킨다. 이때부터 비로소 삶 자체를 창조적으로 변화시키는 능력이 시작된다.

- 자기의 생각과 행동을 일치시킬 수 있는 능력이 있어야 비로소 개별 창조적일 수 있다. 생각이 모여 삶이 되는 것이 아니라, 행동이 모여 삶이 된다.

- 생각이 결여된 행동은 인간 개인을 특징 지울 수 없다. 생각과 행동의 일치를 통하여 실존이 탄생하며, 그 탄생으로부터 비로소 새로운 개별 창조가 발생한다.

- 자신 속에 숨어있는 진정한 인간 일반 본성을 찾는 것이 바로 우리 삶 전반을 창조적으로 바꿀 수 있는 기반이다.

- [창조]는 신이 인간을 만들었듯이 아직 없던 [실존]을 만드는 것이다.

- 인간 역사가 지속되려면, 신이 창조했던 것과 크게 다르지 않은 창조가 지속되어야 한다.

3. 주제토론 : 창조의 힘, 개별의지

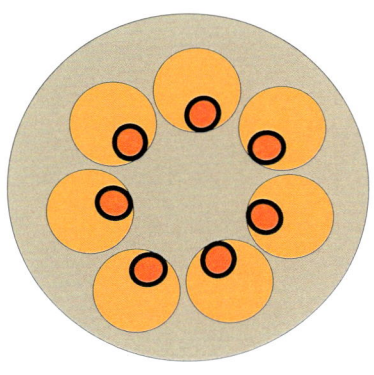

문제 1 일반의지, 자유의지, 개별의지란 무엇인가? (200자)
문제 2 자신을 창조적으로 만들기 위한 방법을 기술하시오. (200자)

문제 1

문제 2

4. 고전 읽기 : 탈무드

장님의 등불

어떤 사람이 아주 어두운 골목길을 걸어가고 있는데 반대쪽에서 장님이 등불을 들고 걸어왔다.
그래서 그 사람이 물었다.
"당신은 장님인데 왜 등불을 들고 다니시오?"
장님이 말했다.
"내가 등불을 들고 다니면 다른 사람들이 내가 가고 있다는 것을 보게 되어 서로 부딪히는 일을 미리 막을 수 있기 때문이지요."

4. 고전 읽기 : 탈무드

문제 1 내용을 요약하시오. (100자)
문제 2 의도(교훈)를 기술하시오. (100자)

답안

문제 1 내용을 요약하시오.

200자

문제 2 의도(교훈)를 기술하시오.

400자

4. 고전 읽기 : 탈무드

과수나무

어떤 나이 든 노인이 정원에서 나무를 심고 있었다.
마침 그곳을 지나던 한 사람이 물었다.
"당신은 도대체 언제쯤 그 나무 열매가 열릴 거로 생각하시오?"
"아무래도 30년은 걸리겠지요."
나이 든 노인의 말에 그 사람이 다시 물었다.
"당신이 그때까지 살 수 있을까요?"
"물론, 불가능하지요. 하지만 내가 태어났을 때 과수원에 열매가 가득 달려 있었지요. 그것은 내가 태어나기 전에 누군가가 어린나무를 심어 놓았기 때문이오. 나도 누군가를 위해 이러고 있는 것이지요."

4. 고전 읽기 : 탈무드

문제 3 내용을 요약하시오. (100자)
문제 4 의도(교훈)를 기술하시오. (100자)

답안

문제 3 내용을 요약하시오.

200자

문제 4 의도(교훈)를 기술하시오.

400자

4. 고전 읽기 : 탈무드

문제 5 두 내용의 의도(교훈)를 비교 기술하시오. (400자)
- 우리 삶에서의 예를 적용할 것

답안

5. 개별의지

타인에 대한 배려는 두 가지 마음에서 기원한다.

✻ 첫 번째는 타인에 대한 배려를 통해서
자신도 배려받고자 하는 마음이다.
이 배려는 만일 내가 배려했는데
상대가 그것을 받기만 하고 자신에게 돌려주지 않으면
화를 낸다는 조건으로 배려하는 것이다.
즉 배려의 최종 목적이 '자신'이다.

✻ 두 번째 마음은 타인에 대한 배려를 통해서
자신이 아닌 오직 타인만을 배려하고자 하는 마음이다.
이와 같은 배려의 마음이 세상에 가득하다면
우리 세상은 최고의 이상향에 도달할 것이다.
자신이 돌려받지 않음으로서 세상은 조금 더 풍요로워지고
자신이 혜택을 받지 않아도 나 자신도 세상과 함께
봄이 모든 사람에게 따뜻함을 선사하듯이
함께 풍요로워지는 것이다.

5. 천자문 (5/125)

雲(구름 운) 騰(오를 등) 致(이를 치) 雨(비 우)
구름이 올라 비에 이르고

露(이슬 로) 結(맺을 결) 爲(할 위) 霜(서리 상)
이슬이 맺어 서리가 된다.

운등치우　　　노결위상
雲騰致雨이고　露結爲霜이라.

내 개별의지들이 모여야
비로소 자유롭고 창조적인 나로 탄생한다.

[한자 세 번, 뜻 한 번을 쓰시오]

5. 명심보감 (明心寶鑑)

계성편(戒性篇)

忍人所不能忍 인인소 불능인 이면

乃是大丈夫 내시대장부 라

다른 사람이 참을 수 없는 것을 참아야
바로 대장부이다.

다른 사람이 인내하는 것만큼만 참으면
다른 사람 만큼만 된다.

[한자 두 번, 뜻 한 번을 쓰시오]

인문고전 추천 5

비밀의 화원 (프랜시스 버넷)

《비밀의 화원(The Secret Garden)》은 1909년 출판된 영국 출신 미국 작가인 프랜시스 버넷의 동화이다. 인도에서 살던 영국인 소녀 메리 레녹스가 부모의 죽음을 계기로 영국 요크셔의 귀족인 고모부댁에서 살게 되면서 벌어진 사건들을 담았다. 책의 제목이기도 한 '비밀의 화원'은 고모부가 부인과 사별한 뒤 버려둔 화원을 가리킨다. 메리는 정원사 벤 할아버지와 친구 디콘의 도움을 받아서 버려진 화원을 아름다운 화원으로 만들고, 이를 계기로 아들 콜린의 병약함, 부인의 사별 등으로 절망한 고모부 때문에 침울하기 이를 데 없던 집안이 행복을 되찾는다는 것이 주 줄거리이다. 요크셔의 아름다운 자연과 주민들의 순수함에 대한 묘사가 일품이다. 또한 메리의 친구인 디콘이 다람쥐와 놀 정도로 자연을 사랑하는 순수한 모습은 작품의 매력 중 하나이다.

* Ref: 관련 백과사전 등 참고

독서노트

[비밀의 화원에 흐르는 정신에 대하여]

1. 저자: 프란시스 버넷

2. 도서: 비밀의 화원

3. 독서노트

   (1) 주요 등장 인물 5명을 기술하시오. (400자)

   (2) 등장 인물을 중심으로 이야기를 요약하시오. (400자)

   (3) 감명 깊었던 이야기 2가지를 요약 기술하시오. (400자)

   (4) '비밀의 화원'에 흐르는 3가지 정신(교훈)에 대하여 기술하시오. (400자)

4. 기간 : 2주

10살 소녀 메리 레녹스는 부자인 영국 부모님들과 인도에서 살았다. 그렇지만 부모님이 전염병으로 돌아가시자 메리는 영국 요크셔의 귀족인 고모부 크레이븐의 집에서 자라게 된다. 메리는 바뀐 환경 중에서 커다란 집과 사람들, 그리고 무엇보다도 겨울에는 회색이고 메말라 보이던 황무지를 제일 싫어했다. 게다가 어른들의 무관심으로 심심한데다가 집에 틀어박혀 지내다보니 건강까지 나빠진 메리는 하녀 마사, 정원사 벤 노인 그리고 사람을 무서워하지 않는 유럽울새와도 친구가 된다. 특히 마사는 메리에게 줄넘기를 가르쳐주어 메리의 건강이 좋아지게 해준다. 그러던 어느 날 메리는 우연히 돌아가신 고모가 돌보던, 하지만 고모가 죽은 후 폐쇄되어 엉망진창이 된 비밀의 화원을 발견한다. 호기심이 생긴 메리는 하녀 마사의 동생인 디콘과 같이 고모부가 준 용돈으로 산 꽃씨를 파종하고 덩굴도 제거하면서 정원을 가꾼다. 덕분에 화원은 예전의 아름다움을 되찾기 시작한다. 그리고 자신이 꼽추가 될거라고 믿어 건강이 나빠서 집에만 갇혀 있었던 콜린을 우연히 발견하여 건강해지고 걸을 수도 있게 도와준다. 그리고 조카와 아들에게 무관심하던 크레이븐도 아들이 활발하게 정원에서 노는 기적에 감동받는다.

5. 개별의지에 대하여

독서노트

(1) 주요 등장 인물 5명을 기술하시오. (400자)

독서노트

(2) 등장 인물을 중심으로 이야기를 요약하시오. (400자)

200자

400자

600자

독서노트

(3) 감명 깊었던 이야기 2가지를 요약 기술하시오. (400자)

독서노트

(4) '비밀의 화원'에 흐르는 3가지 정신(교훈)에 대하여 기술하시오. (400자)

200자

400자

600자

Summary

1. 나에 대하여
 : 자신의 꿈(세 가지)을 이루기 위한 개별의지 세가지를 각각 기술하시오.

2. 고전 읽기
 : 루소, 인간불평등기원론
 : 자유로운 창조를 막는 우리의 쇠사슬

3. 주제토론 : 창조의 힘, 개별의지
 : 자신을 창조적으로 만들기 위한 방법을 기술하시오.

4. 고전 읽기
 : 탈무드

5. 천자문 / 명심보감

6. 독서노트
 : 비밀의 화원 (버넷)

개별의지에 대하여

✱ 5. 창조적 삶의 힘, 개별의지에 대하여 자신의 생각을 종합하시오.

태양의 황금비를 담는 것은
그릇 크기에 비례한다.
올바른 교육은 그릇 크기를 키우는 일이다.

- 진리의서, 자유정신사 -

6. 개별의지의 적용에 대하여

개별(행동)의지를 우리 삶에 적용할 때 고려해야 하는 것

자유의지는 피아노를 잘 치고 싶다고 생각하는 것이고
개별(행동)의지는 피아노를 열심히 연습하는 것이다.
개별(행동)의지의 적용은 피아노를 새벽 2시에 연습하지 않는 것이다.

6. 개별의지의 적용에 대하여

자신의 삶을 자유롭게 만들기 위해서는
세 가지 단계의 과정을 생각해야 한다.

✽ 첫 번째는 생각하는 것이다.
자신의 자유의지가 무엇인지 도출하고
그 자유의지를 이루기 위해
내가 하고 싶고 또 할 수 있는 일이 무엇인지
구체적으로 찾아내는 것이다.

✽ 두 번째는 행동하는 것이다.
개별(행동)의지는 우리 삶을 창조적으로 만드는 유일한 방법이다.
개별의지를 생각하지 않고 살아갈 수 있지만
그 삶은 그저 그런 삶이 될 수밖에 없다.
자신이 아직 젊다면 그리고
세월이 많이 흘러 자신의 힘과 능력이 현저히 떨어지지 않았다면
그저 그런 삶을 사는 것을 변명하려 하지 말아야 한다.

✽ 세 번째는 적절히 행동하는 것이다.
이것이 개별(행동)의지의 적용이다.
자유의지는 타자와 관계 없지만
개별(행동)의지는 타자에게 영향을 미치기 때문이다.

1. 나에 대하여

자신의 1단계 꿈 중 첫 번째 직업을 선택하여
그 꿈이 이루어졌다는 가정 하에
아침에 깨어서 그 다음날 아침까지의 일을 상상해서 기술하시오.
(아침, 일과 중, 퇴근 후, 400자)

200자

400자

2. 고전 읽기(1): 철학자들의 생각

냉철한 그리고 분노하는

2500년 인류 정신의 통찰을 통해
자유의지와 개별의지를 성찰해보자.

* Ref: 냉철한 그리고 분노하는, 자유정신사 (2017)

2. 고전 읽기(1): 철학자들의 생각

가을 햇빛으로 가득한 정원은 조금씩 색이 옅어지고 유독 어느 나무 하나가 갑자기 주홍빛으로 나뭇잎 색을 바꾼다. 자유를 말하려는 듯하다.

지상의 사람들은 인류 정신으로부터 그들의 평등적 가치 문제에 대하여 이야기를 들었다. 이제 우리는 왜 마음대로, 생각한 대로 살 수 없는 것인지에 대하여 인류 정신의 이야기를 들어보도록 하자.

1. 자유는 그것을 필연으로 만드는 자에게만 허락된다

중생은 자유로운 모든 것에 눈길을 주지 않고 억압에만 눈을 돌린다. 마치 물을 구하려고 계곡물을 옆에 두고 비를 기다리는 것처럼.

"자유(解脫, 해탈)와 평온(涅槃, 열반)은 한 개체의 마음이 만유(萬有) 전체를 융합, 모두 서로 하나를 만들어갈 때만 완성된다."

진리 그리고 만유는 구분 없이 하나(無二相)이다.
무이상(無二相)을 위해 수행자는 평등과 조화(圓融)를 지향해야 하는데

2. 고전 읽기(1): 철학자들의 생각

이를 통해 비로소 자유롭기 때문이다.

(의상: 법성게)

의상 스님, 세상 만물을 하나로 만들어간다는 것은 자기의 모든 것을 남김없이 포기하고 타인을 위한 고행 같은 삶을 살아야 할 텐데, 만일 그래야 자유로울 수 있다면 원래 나태한 족속, 인간들은 꿈도 꾸지 않을 것이다. 아마도 나태하면서 동시에 자유로울 수 있는 방법이라면 좋아하겠지만.

자유에는 적극적 자유가 있고 소극적 자유가 있다.
[소극적 자유]는 사역과 억압으로부터의 도피를 의미하고
[적극적 자유]는 자신이 삶의 자유를 스스로 주도적으로 만들어가는 것이다.
'그럴듯한 자유'를 위해서는 '꼭 필요한 것들'이 너무 많다.
실질적 자유란 이런 '꼭 필요한 것들' 없이 자유로운 것이다.
자유 별것 아니다. 하고 싶은 대로 한다고 해서 그렇게 대단할 것도 없다.
사실 단지 사역으로부터의 도피가 우리 자유의 대부분이지 않은가!
"완전한 자유는 무화(無化)와 동일시 될 수 있다."

실존을 넘어서 Ⅰ, 자유정신사, p208 (2016)

2. 고전 읽기(1): 철학자들의 생각

즉, 자유롭다 할 수 있는 존재는 자기의 존재를 무화(無化)하는 존재이다.
<u>이처럼 자유는 존재 결여이고, 존재 결여는 무(無)를 만드는 것이며</u>
<u>존재 결여와 이에 기인한 존재 욕구를 만드는 또 다른 도모이다.</u>
<u>따라서 자유는 직접적이며 구체적인 출현이며 자기 선택이다.</u>
이 과정으로 자유를 [선택하는 진리]라고 명명하며
개별적으로 선택하여 만들어가는 자신의 실존을 통해
자유에 비로소 접근하고 드디어 자유로운 존재가 되기 시작한다.
우리가 구하는 것은 본질적 자유가 아니라 자유로운 존재, 실존이다.
이렇게 '실존은 본질에 앞서' 우리 앞에 다가선다."

(사르트르: 존재와 무)

"옳은 것은 옳다고 하고, 그른 것은 그르다고 해야 한다.
법의 목표는 자유와 평화이지만 그 수단은 그 권리를 위한 실천적 투쟁이다.
불법에 의해 권리 침해를 당할 때, 용기와 결단으로 자유롭게 행동하도록
전력을 다해 소년들과 사람들을 교육해야 한다.
국방력보다 개인의 권리를 정당하게 방어하고 주장하는 것이 더 중요하다.
한 민족과 국가의 근원적 힘은 사람들의 도덕적 힘에서 나오기 때문이다.
<u>국가와 민족을 지키고 유지하는 것은 누군가 대단한 자의 몫이 아니라</u>

2. 고전 읽기(1): 철학자들의 생각

각자가 작은 불법의 침해에 대해서 강력하고 건전한 법 감정에 따라 자기 권리를 주장하고 [자기 인격]을 수호하는 일에서부터 출발한다."

[권리를 위한 투쟁]은 피해서는 안 되는 건강한 시민의 의무이다.

자유는 곧 투쟁이다.

(예링: 권리를 위한 투쟁)

예링 선생 말대로 인간들은 자유를 투쟁을 통해서 쟁취해 왔다. 인간들은 자유를 위해 투쟁하고 또 투쟁하지만 누군가가 얻은 만큼, 누군가가 빼앗긴다. 모두 이기적이기 때문이다. 이렇게 인간들이 가지는 자유의 총합은 그 소유자만 바뀌었을 뿐, 결국 크게 다르지 않다. 내가 탐욕의 악마, 마몬 조금만 유인(誘引)하면 아직 다소 모자란 인간들은 이기심과 자유를 전혀 구분하지 못한다.

진정한 자유는 투쟁하는 것이 아니라 새로운 영역에서 자유를 발견하고 더욱 좋게는 자신만의 영역을 새롭게 만드는 것이다.

이는 억압하려는 자를 무력화시키는 최고의 방법이기도 하다.

권력자나 재력가의 껄끄러운 상대는 자기가 가진 그것에 무관심한 자이다.

2. 고전 읽기(1): 철학자들의 생각

자신만의 영역에 개별 자유를 만듦에 의해 비로소 자유에 다다른다.
스스로를 왕이라고 말로만 외쳐도 소용없다.
**진짜 왕은 타인으로부터 부여받은 자유를 기뻐하는 것이 아니라
자신의 자유를 그리고 자신의 영역을 발견한 자이다.**
"그곳은 미개척지, 본래 아무것도 없으니(本來無一物) 줄 것도 빼앗길 것도 없다."
이렇게 모든 실제적 자유는 필연적으로 자기 존재로부터 발현한다.

(혜능: 육조단경)

재력, 권력, 명예 따위가 자유를 주지는 않는다.
아무리 노력해도 얻는 것과 잃는 것이 거의 비슷하기 때문이다.
재력, 권력, 명예는 그것 자체가 목적이자 그대로 결과일 뿐이니
그것으로 자유까지 얻으려는 것은 허황된 욕심이다.
자유를 얻으려면 아무것도 없어야 한다. 들고 다니기 무겁기 때문.
자유는 쟁취하는 것이 아니라 타인과 함께 나누는 것.
투쟁하여 내 것으로 하면 그걸 지키느라 보초를 서야 한다.
"어떻게 우리는 자신을 재발견하는가?
우리의 친구 관계, 적대 관계, 시선, 악수, 기억, 망각한 것, 책, 필적.
이 모든 것이 우리의 본질에 관해서 증언하고 있다.

2. 고전 읽기(1): 철학자들의 생각

가장 중요한 심문을 수행하기 위해서는 다음과 같은 수단이 있다.
그대는 지금까지 참으로 무엇을 사랑했는가? 무엇이 그대의 혼을 매혹했는가? 무엇이 혼을 지배하고 또 동시에 즐겁게 했는가?
젊은 영혼이여! 이 물음으로 인생을 돌아보라.
이 질문의 대답이 당신의 본질을 나타낸다.
생각건대, 그대의 참 본질은 그대 안에 깊숙이 감추어져 있는 것이 아니라
그대 위에 적어도 그대가 보통 자아로 여기고 있는 것 위에
아주 잘 보이는 곳 높게 자리 잡고 있다.
참된 형성자는 그대 본질의 의미와 근본 소재를 이루는 것을 보여준다.
참된 형성자, 교육자는 그대의 해방자이다. 이것이 교육의 비전(秘傳)이다.
어둠침침한 구름 속을 떠다니고 있는 것과 같은 마비 상태로부터
자유로운 자기로 돌아오기 위해
자기의 형성자, 교육자를 생각해내는 것이 가장 좋은 수단이다."

(니체: 반시대적 고찰)

아무것도 없을 때나 최고의 순간이나 삶의 대부분은 필연에 따라 진행된다.
삶 전체의 모습은 필연적 관계를 가지고 규정되어 있으므로
의지의 자유는 거의 인정되지 않는다.

2. 고전 읽기(1): 철학자들의 생각

따라서 자유도 그 필연적 관계 인식 아래에서 행동한다.
**<u>우리가 할 수 있는 것은 냉철한 지성으로
원하는 대로 삶에서 필연을 이끌어내는 것이다.</u>**
"필연이 지배하는 삶에서 [감정에 따르는 사람]은
자기의 의식이 전혀 모르는 것을 수행하고 있는 것이다.
반면, [냉철한 지성에 인도되는 사람]은
자기 자신 이외의 어떠한 시류에도 따르지 않고
인생에 있어서 근본적으로 중요한 것이라고 인지하고 있는 것을 실행
하며 또한 그 때문에 중요한 것으로 나타난 것을 철저히 추구한다.
이 관점에서 전자를 [노예], 후자를 [자유인]으로 명명(命名)한다."

(스피노자: 에티카)

우리는 자유를 찾아다니는 한 자유에 도달할 수 없다.
자유는 황금을 찾아다니는 것이 아니라, 주머니 속에 있는 것을 사용하는 것.
자유를 찾기 위해 가는 여정이 부자유하다면 다시 잘 생각해 볼 일이다.
자유로운 곳, 신천지는 없다. 자유의 목적지는 끝없이 확장하기 때문이다.
지루하다. 그런데 지나서 생각해 보면, 사실 그곳에 갈 필요도 없었다.

2. 고전 읽기(1): 철학자들의 생각

그것은 바로 시지푸스의 형벌이다. 그래서 나는 실존을 향한다.
"나는 내일로 죽음이 정해진 감옥에서 신부 교부복 멱살을 부여잡고 말했다.
마음속에서 그 무엇이 폭발하고 만 것이다.
당신은 자신만만하군? 그렇게 자신 있나?
그러나 당신의 신념이란 건 머리털만 한 가치도 없다.
당신은 죽은 사람 같이 살고 있으니, 살아 있다는 자각이 있기라고 한 건가?
나는 곧 죽지만 나에게는 확신이 있다.
나 자신에 대한 확신은 최소한 당신보다는 강하다.
나는 지금도 내 인생과 닥쳐올 죽음에 대한 명확한 인식만큼은 있다.
내 생각은 옳았고, 지금도 옳고, 또 옳을 것이다.
이렇게 살았고 저렇게 살지 않았으며, 이런 일을 하고 저런 일은 하지 않았다.
그래서? 내일 새벽 죽음이 나를 정당화할 것이다."
아무것도 중요한 것은 없다. 그냥 존재하는 것, 그것뿐.
자유 따위는 없다.

(까뮈: 이방인)

천상의 인류 지성은 지상 사람들의 자유를 위해 "만물의 일원적 이치 성찰, 개별 선택으로 만들어 가는 실존적 삶, 권리를 위한 투쟁, 자기만

2. 고전 읽기(1): 철학자들의 생각

의 영역·거친 땅에서의 새로운 경작, 자신의 혼을 매혹하는 그곳으로의 돌진, 냉철한 지성에 의한 자유의 필연화, 자유에 앞서는 실존"에 대하여 이야기하고 있다. 우리는 쉽게 자유로울 수 없다. 아니 사실은 너무 마음대로 자유로우면 안 된다. 필연의 여신 아낭케 Ananke 가 인도하지 않으면, 자유는 어린 철부지가 된다. 지혜의 신, 아테나는 지상의 사람들에게 이렇게 말했다.

"독재와 억압을 모두 파괴시켜도 행복해지지 않는다.
각자 자유롭지 않은 이유가 따로 있기 때문이다."

자유는 그것을 필연으로 만드는 자에게만 허락된다.

지금 정원은 그 이름을 알 수 없는 새들로 자유롭다. 어느 키 작은 나무 덤불에 그 수가 얼마인지 알 수 없는 작은 새들이 모여 서로를 확인하고 있다. 정원 가운데 있는 분수의 물은 어느새 멈추어 조용하고 여기저기 맑은 그들의 소리뿐이다.

2. 고전 읽기(1): 철학자들의 생각

문제 1 각 철학자들이 말하는 핵심 내용을 설명하시오.

✤ 1. 자유는 그것을 필연으로 만드는 자에게만 허락된다

1.

2.

3.

4.

5.

6.

7.

2. 고전 읽기(1): 철학자들의 생각

2. 자유는 가슴 뜀을 위해 불편함과 노동을 일부러 선택하는 것이다

우리는 이상적 세계를 이데아라 부른다.

나는 그런 퇴폐적 이상향에 반대하며

지상에서의 [자유 의지적 삶], 내가 주인인 세계를 사랑할 것이다.

'자기 고독 속 자유보다는 공동체의 부자유가 더 자유롭다'

(스피노자, 에티카, 83) 는 말을 나는 좋아하지 않는다.

"용의 이빨로 탐식하는 것처럼 개념들로 포화되고

개념의 공룡을 만들어내며, 게다가 말이라는 병마에 시달려서

아직 말로서 날인되지 않은 자기 감각은 어떤 것도 신뢰하지 못하는 형편이다.

이러한 사람은 [나는 생각한다. 고로 존재한다. Cogito ergo Sum]라는

권리를 가지고 있겠지만

[나는 살고 있다. 고로 생각한다.]라는 권리는 가지고 있지 않다.

이성이 보증하는 것은 공허한 흑백의 존재이지 충실하고 푸르른 삶이 아니며

생각하는 존재자라는 것만을 보증해주지

살아있는 존재자라는 것은 보증해주지 않는다. 오늘을 어떤 존재로 살 것인가?

그것을 가능케 하는 것은 신(神)도 뛰어난 인간도 아니다.

2. 고전 읽기(1): 철학자들의 생각

그대들 자신, 청춘의 가슴 뜀뿐이다."

(니체: 반시대적 고찰)

행복한 자는 자유롭지 않은 자들이니 타인을 위해 자유를 희생하기 때문이다.

자기중심적 삶에는 자유란 없다. 자기 속 감옥에 갇히기 때문이니

자유란 타인을 통해 비로소 나에게 찾아오는 법.

"자유를 찾는 자는 상(相, 色聲香味觸法)에 머물러 즐거움으로 보상받지 않고

아무 바람(願) 없이 자기 삶을 타인을 위해 지향하는 자이다."

이렇게 부(不)자유로운 자는 행복할 것이리니.

(석가: 금강반야바라밀경)

자유란 무엇인가 선택해야 하는 억압의 연속이다.

"존재와 거리를 두고 있는 의식은

존재를 고정되지 않고 머무르지 않도록 자유롭게 한다.

의식이 정지하면 어느새 자유도 사라지고, 억압만 존재 주변을 서성이니

모든 존재는 존재함을 의식함으로써 존재하는 것이다.

'안다는 것은 알고 있다는 것을 안다는 것, 안다는 의식을 가지는 것이다.' 알랭(Alain)

2. 고전 읽기(1): 철학자들의 생각

의식은 자기 자신의 존재보다 앞선다.
의식은 충실한 존재이며, 자기에 의한 자기 결정을 위한 본질적인 특징이다.
의식은 무(無)에도 선행하는 것이며 존재로부터 자기를 끌어내는 것이다.
의식은 무(無)도 존재도 알아내어 인지하는 것이기 때문이다.
어떠한 행위가 존재한다는 것은 존재의 근원적인 선택을 나타낸다.
존재에 있어 [실존함]과 [자기를 선택함]과의 사이에는 아무런 차이도
없다." 그러므로 선택, 즉 자유를 통한 행복에 도달하기 위해서
우리는 자기를 선택할 수 있는 주체, 실존을 탐구할 수밖에 없다.
선택을 억압하는 것들과의 처절한 투쟁이 실존의 과정이다.

(사르트르: 존재와 무)

사르트르 선생, 그럼 가령 부모가 자식이 원하지 않는 일을 강요한다면 자식은 그 억압에 투쟁해야 실존할 수 있다는 말인가? 국가가 개인이 원하지 않는 모병을 강요한다면 개인은 실존을 위해서는 모병을 거부해야 한다는 말인가? 또 자기가 사랑하는 사람이 원하는 것을 위해 억압을 감수하고 그가 원하는 일을 한다면 그것은 자기의 실존을 포기하는 것이 되는가? 실존을 위해 공동체를 위한 의무와 사랑하는 자를 위한 희생을 쉽게 저버려도 된다는 것인가?

2. 고전 읽기(1): 철학자들의 생각

악마, 루시퍼가 간과한 것이 있는데, 그것은 [억압의 상대성]이다.
모병에 응하거나 사랑하는 자가 원하는 일을 하는 것보다
그것을 거부하는 것이 더욱 자신을 억압한다면
덜 억압하는 것을 선택하는 것이 실존의 과정이다.
또 다른 간과는 [억압의 합리성]이다.
국가 모병 이유가 납득할만하지 않다든지 사랑하는 자의 요구가 불합리하다면
공동체적 의무, 사랑을 위한 희생의 도덕적 가치는 현저히 떨어질 것이며
이때는 그것을 선택하지 않을 충분한 이유가 되는 것이다.

자유란 외부적인 구속에 저항하는 것이 가능한 상태일 뿐이다.
자기 마음대로는 할 수 없으며 그렇게 해서도 안 된다.
자유란 모두에게 공평해야 한다.
공평이 깨지면 개인적, 방임적 자유는 새로운 악의적 억압을 탄생시킨다.
우리는 이것을 정의라는 이름으로 감시하고 있지만
우리 마음속 이기심은 공평을 의도적으로 회피한다.
인간이란 바보 같은 족속이다.

2. 고전 읽기(1): 철학자들의 생각

가지고 있는 자유는 사용하지 않고, 가지지 않은 자유만을 요구하니
갈 수 있는 곳은 가지도 않고, 바다 건너 먼 나라만 동경하는 모습이다.
"코르넬리우스Lucius Cornelius가 전하는 이야기다.
'옛날 한 장군이 일대의 병사와 함께 어느 성에 유폐 당하여 매일같이
사람들 사이에 있는 말을 매질하는 일을 강요당했는데
주변에는 다른 많은 사람이 늘어서 있었다.'
우리도 지금 마치 이처럼 강요당하고 있다."
**자유, 그것이 성립하려면 사람들에게 상처가 가지 않도록
주의 깊게 채찍을 휘둘러야 한다.**
주위 사람을 다치지 않게 하는 것은 매우 어렵고 지치는 일이다.
자유가 행복을 주기 어려운 이유이다.

<키에르케고르: 이것이야, 저것이냐>

세상의 모든 법은 싸워서 얻어진 것이니
저울이 없는 칼은 폭력이고 칼이 없는 저울은 무기력하다.
"각 개인은 하늘로부터 위임받은 법의 집행자요 수호자이니
자유로운 행위의 보장은 법감정의 촛불을 태우는 산소와 같은 것이다.
자신의 진리를 세워 목표로 삼고, 그 원칙이 공격을 받으면

2. 고전 읽기(1): 철학자들의 생각

모든 것을 희생할 각오로 담대하게 대항하는 것이야말로
법 이상을 구현하여 자유와 행복을 실현하는 지고(至高)의 방법이다.
주체자의 권리 주장은 자신의 생존을 지키기 위한 행동 강령이기도 하지만
자신의 공동체를 위해서도 피해서는 안 되는 절대 의무이다."
자기 혼자 손해 보고 말겠다는 '점잖은 무관심'이 공동체를 무너뜨린다.

(예링: 권리를 위한 투쟁)

"**채찍과 꾸지람이 지혜를 주거늘
마음대로 내버려 두면 그 자식은 그 어미를 욕되게 하리라.**
악인이 많아지면 죄도 많아지니 의인이 욕됨을 당하리라.
악하다면 자식처럼 사랑해도 징계하라. 그것이 평안케 하리라."
공동체를 위해 자유를 구하는 자가 희생당해서는 안 되니
누구도 막지 못할 대의로 냉철히 준비하여, 그들을 철저히 징계하라.
우리 마음속, 두려움이 싹 트지 않도록.

(예수: 잠언)

"자연 상태란 이성이 지배하는 자유롭고 평등한 상태이다.

2. 고전 읽기(1): 철학자들의 생각

이는 신이 인간에게 준 선물이니 누군가 나를 지배할 권리는 전혀 없으며
내가 다른 사람에게 순종하는 것도 신의 명령에 위배된다.
타인을 복종시키는 것, 타인에게 복종하는 것, 모두 신을 거역하는 일이다.
이는 천부인권이니, 이것이 무너지면 인간은 결코 행복할 수 없다."
인간의 마음은 하얀 캔버스와 같다. 무엇을 그릴지는 자유이지만
그림에 따라 행복할 수도, 불행할 수도, 기쁠 수도, 슬플 수도 있다.
물론, 걸작은 화려한 색채와 기교를 부린 그림이 아니라
누구도 시도하지 않은 아름다움을 자유롭게 그린 그림이다.

(존로크: 정부론)

자유에 편안한 행복을 연결시키는 것은 스무 살 시절 잠깐으로 충분하다.
자유는 모험과 투쟁 상태이니, 편안하면 대부분 자유롭지 않으며
불편한 모험과 계속된 투쟁만이 우리를 자유롭게 할 것이다.
자유는 정신적 상태이고 육체적 자유는 나태일 뿐이다.
힘들고 불편함, 고된 노동에, 이렇게 말하라.
'그 일이 자유로운가를 생각하지 말고
그 일이 나에게 자유를 주는가를 숙고하라.'
만일 그렇다면, 그것이 고난의 길이라도 기꺼이 뚫고 나아가라.

6. 개별의지의 적용에 대하여

2. 고전 읽기(1): 철학자들의 생각

"가진 것과 능력이 없다는 것은 오해이다.
당신은 재력, 암기력과 재치가 부족할 수 있다.
상관없다. [그런 것에는 소질이 없다]라고 말할 수 있으면 된다.
그 말을 할 수 있는 당신은 수많은 다른 특질이 있기 때문이다.
그것들은 당신 안에 이미 존재하니
[성실, 융화, 근면, 냉정] 연마에 소홀하지 않다면, 당신은 모두 가질 수 있다.
단, 검소할 것이며, 절제하고 솔직하라.
그런 장점을 발휘할 능력이 없다느니, 소질이 없다느니 하는 말은
자신의 저급한 상태를 유지하려는 변명일 뿐이다.
다투고, 탐하고, 인색하고, 아첨하고, 불평하고, 비굴하고, 교만하고,
방황하며 불안해 하는 것을 타고난 능력 부족으로 변명하고 싶은가?"

'자신 속에 감춰져 있는 행복의 씨를 뿌리고
쓰러져 죽을 때까지 열심히 경작하라.'

(아우렐리우스: 명상록)

천상의 인류 정신은 가슴 뛰는 자유를 위해 "살아 있음의 자각, 보상 없는 자기희생, 억압을 뚫고 자신을 선택하는 실존, 부조리에 대한 불복종, 자유를 주는 노동과 일"에 대하여 지상의 사람들에게 전하고 있다. 지혜의 신으로서, 나는 이렇게 지상의 사람들에게 말한다.

2. 고전 읽기(1): 철학자들의 생각

"자유의 목적도 물론 행복이다.
내 주위 열 사람만 자유로우면 나는 그들과 함께 행복할 것이다."

"진리는 자유로 인도하지만, 자유는 진리로 인도하지 않는다.
둘을 똑같이 생각하면 곤란하다."

"자유만으로는 행복하지 않다.
타인을 기쁘게 하는 유의미한 의지가 작용함으로써
드디어 행복이 모습을 드러낸다."

"편안한 행복을 원한다면 자유를 포기하고
작은 방에서 조용히 그것을 만끽하면 될 것이다."

▣ 자유는 가슴 뜀을 위해 불편함과 노동을 일부러 선택하는 것이다.

바람이 자고 있다. 너무나 깊이 잠들어 정원 나뭇잎은 미동도 없다. 언제 바람이 깨어날까 기다리는 즐거움으로 어느 시월 가을날을 기억에 담는다. 정원 모두 가을로 물들어 아름답고, 자유를 향한 그들의 이야기는 시월의 아름다움을 넘나든다.

2. 고전 읽기(1): 철학자들의 생각

문제 2 각 철학자들이 말하는 핵심 내용을 설명하시오.

✤ 2. 자유는 가슴 뜀을 위해 불편함과 노동을 일부러 선택하는 것이다

1.

2.

3.

4.

5.

6.

7.

2. 고전 읽기(1): 철학자들의 생각

문제 2 각 철학자들이 말하는 핵심 내용을 설명하시오.

✤ 2. 자유는 가슴 뜀을 위해 불편함과 노동을 일부러 선택하는 것이다

8.

9.

2. 고전 읽기(2): 플라톤, 국가

"도서관 이용 학습"
아래 고전 읽기 책을 도서관에서 대여하여 읽고 문제의 답안을 작성하시오.

플라톤   국가

Plátōn (BC424~BC348)

플라톤은 '국가'를 통해
인간의 올바름, 지혜, 용기, 절제, 좋음,
이데아, 국가, 철인정치 등을 주장한다.
각 개인의 자유의지를 통해 전개되는 개별의지는
자기 마음대로의 의지가 아닌 올바름, 지혜, 용기, 절제 등,
자신의 가치관과 철학을 바탕으로 전개해 나가는 것이다.
이렇게 진정한 개별의지는 철학을 기반으로 해야 한다.
우리가 철학을 공부해야 하는 이유이다.

---

* Ref: 국가, 플라톤, 주니어김영사, 1장, p12~29 (2010)

2. 고전 읽기(2): 플라톤, 국가

국가, 플라톤, 주니어김영사, 1장, p12~17 내용을 읽고 답하시오.

2. 고전 읽기(2): 플라톤, 국가

국가 제1장을 읽고 요약 기술하시오.

(1) Page 문장 방식으로 (18~20 문장) 작성하시오. (그 Page에서 가장 중요한 핵심 내용을 파악하여 기술함)
(2) 다른 사람에게 설명할 수 있도록 발표원고(설명문) 형식으로 정리하시오.

답안

1.
2.
3.
4.
5.
6.

요약 (150자)

2. 고전 읽기(2): 플라톤, 국가

국가, 플라톤, 주니어김영사, 1장, p18~23 내용을 읽고 답하시오.

2. 고전 읽기(2): 플라톤, 국가

국가 제1장을 읽고 요약 기술하시오.

(1) Page 문장 방식으로 (18~20 문장) 작성하시오. (그 Page에서 가장 중요한 핵심 내용 파악, 기술함)
(2) 다른 사람에게 설명할 수 있도록 발표원고(설명문) 형식으로 정리하시오.

답안

7.

8.

9.

10.

11.

12.

요약 (150자)

2. 고전 읽기(2): 플라톤, 국가

국가, 플라톤, 주니어김영사, 1장, p24~29 내용을 읽고 답하시오.

2. 고전 읽기(2): 플라톤, 국가

국가 제1장을 읽고 요약 기술하시오.

(1) Page 문장 방식으로 (18~20 문장) 작성하시오. (그 Page에서 가장 중요한 핵심 내용 파악, 기술함)
(2) 다른 사람에게 설명할 수 있도록 발표원고(설명문) 형식으로 정리하시오.

답안

13.

14.

15.

16.

17.

18.

요약 (150자)

2. 고전 읽기(3): 탈무드

탈무드

1. "한 부모는 열 명의 자녀를 보살필 수 있다. 하지만 열 명의 자녀가 한 부모를 섬기기는 어렵다."

2. "가난한 사람을 칭송하는 부자는 사기꾼이며, 자신의 가난을 자랑스레 떠벌리는 사람은 저열한 사람이다."

3. "거짓말쟁이는 다른 사람이 자기를 의심하는 것을 가장 참지 못한다."

4. "어떤 사람에게 돈을 빌려 주었는데 그가 진짜로 돈을 갚을 수 없음을 알았다면 그의 집 근처에도 가면 안 된다."

2. 고전 읽기(3): 탈무드

문제 1. 각 내용으로부터 자신의 자유의지와 개별의지를 도출하시오.

답안

1. 자유의지:

   개별의지:

2. 자유의지:

   개별의지:

3. 자유의지:

   개별의지:

4. 자유의지:

   개별의지:

2. 고전 읽기(3): 탈무드

탈무드

5. 그저 책을 이리저리 운반하고만 있는 당나귀와 같은 학자도 있다."

6. "글을 쓰는 것은 수표를 끊는 것과 같다. 자기 생각이 없으면서도 글을 쓰는 것은 은행에 잔고가 없는데 수표를 끊는 것과 같다."

7. "여자를 판단하는 데에는 세 가지 척도가 있다. 요리, 옷, 남편이 그것이다. 이 셋은 모두 여자가 만드는 것이다."

8. "'내게 여가가 있으면 공부하겠소' 하고 말하지 마라. 그런 사람들은 결코 여가를 가지지 못하게 될 것이다."

2. 고전 읽기(3): 탈무드

문제 2. 각 내용으로부터 자신의 자유의지와 개별의지를 도출하시오.

답안

5. 자유의지:

    개별의지:

6. 자유의지:

    개별의지:

7. 자유의지:

    개별의지:

8. 자유의지:

    개별의지:

3. 주제 토론

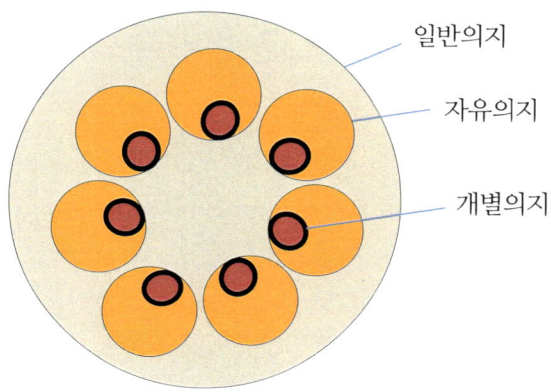

지금 현재, 자신의 개별의지 여덟 가지를 기술하시오.
(최근 한 달간 한 일)

1.

2.

3.

4.

5.

6.

7.

8.

200자

4. 음악 논술 (개별의지)

문제 1 아래 음악을 듣고, 네 개의 악장 별, 세 가지 느낌과 그 이유를 설명, 기술하시오. (알레그로, 라르고, 라르게토, 알레그로.)

비발디 조화의 영감, Vivaldi – Concerto for 4 violins in B minor, RV 580 – Il Giardino Armonico
유튜브: https://youtu.be/QSs6HKwhbAA

1. 알레그로

(1)

(2)

(3)

2. 라르고, 3. 라르게토

(1)

(2)

(3)

4. 알레그로

(1)

(2)

(3)

6. 개별의지의 적용에 대하여

✱ 음악은
자신의 내면 깊숙이 숨어 있는 감정을 알려준다.
그리고 감정은 자신 내면 의지의 직접적 표출이다.

✱ 자신의 감정을 찾으면
내면에 숨겨진 개별의지가 그 모습을 드러낸다.
긍정적, 적극적 감정은 자신이 지금 어디에 있는 줄 알려주고
부정적, 소극적 감정은 자신이 어디로 가야 하는지 알려준다.
음악으로부터 기쁨이나 즐거움을 느낀다면
자신이 그것을 이루려는 의지가 있다는 것이고
음악으로부터 슬픔이나 우울함을 느낀다면
자신이 그 감정으로부터 벗어나려 하고 있다는 것을 의미한다.
자신의 내적 상태를 확인해보는 시간을 갖도록 하자.

✱ 자유의지와 개별의지,
우리가 그것을 찾으려 하지 않는다면
음악이 흘러가 버리듯 그렇게 우리의 의지도 흘러가 버릴 것이다.

5. 천자문 (6/125)

金(쇠 금) 生(낳을 생) 麗(고울 려) 水(물 수)
금은 여수에서 나고

玉(구슬 옥) 出(날 출) 崑(메 곤) 岡(언덕 강)
옥은 곤강에서 난다.

금생려수　　**옥출곤강**
金生麗水요　玉出崑岡이라.

금이 될 만한 자격이 있어야 금이 되는 것이고
옥이 될 만한 자격이 있어야 옥이 되는 것이다.

[한자 세 번, 뜻 한 번을 쓰시오]

5. 명심보감 (明心寶鑑)

계성편(戒性篇)

上士無爭 이요 상사무쟁 이요

下士好爭 이라. 하사호쟁 이라.

훌륭한 사람은 다투지 않으며
어리석은 사람은 다툼을 좋아한다.

군자의 기준은
그 온화함에 있다.

[한자 두 번, 뜻 한 번을 쓰시오]

6. 논술 / 글쓰기

다음 〈물음〉에 대하여 자유롭게 논술하시오. (600자)

〈물음〉

'개별 의지'가 무엇이고 우리 삶에서 어떤 역할을 하는지 기술하시오.

※ 다음 내용을 포함하여 작성할 것.
 - 물음에 대해 한 문장으로 명확하게 표현된 자신의 대답
 - 자신의 대답에 대한 근거, 세 가지

답안

인문고전 추천 6

탈무드 (무명)

탈무드

『구약성서』 미시나에 이은 유대교의 성전. 헤브라이어 원뜻은 '학습'이다. 기원후 4세기 말에 예루살렘 탈무드(Jerusalem Talmud) 또는 팔레스타인 탈무드(Palestinian Talmud)가 만들어졌고, 그 100여 년 후에 바빌로니아 탈무드(Babylonian Talmud)가 완성되었다.

독서노트

[탈무드에 흐르는 정신에 대하여]

1. **저자**: 무명
2. **도서**: 탈무드
3. **독서노트**
    (1) 탈무드 내용 중 자신의 마음을 움직이는 10가지 이야기를 정리하시오 (각 100자)
    (2) 각 이야기의 제목을 만들고 단문으로 표현하시오.
        − 예, 영원한 우정: 같이 기뻐해 주는 자가 진정한 친구이다. (총 20줄)
    (3) 각 이야기에서 나타내고자 하는 내용에서 공통적으로 흐르는 주제(교훈)를 도출하고 그 이유를 서술하시오. (200자)
    (4) 발표/토론 준비
4. **기간** : 2주

독서노트

(1) 탈무드 내용 중 자신의 마음을 움직이는 10가지 이야기를 정리하시오 (각 100자))

1.

2.

3.

4.

5.

독서노트

(1) 탈무드 내용 중 자신의 마음을 움직이는 10가지 이야기를 정리하시오 (각 100자))

6.

7.

200자

8.

400자

9.

600자

10.

독서노트

(2) 각 이야기의 제목을 만들고 단문으로 표현하시오. (총 20줄)

1.

2.

3.

4

5.

6.

7.

8.

9.

독서노트

(2) 각 이야기의 제목을 만들고 단문으로 표현하시오. (총 20줄)

10.

독서노트

(3) 각 이야기에서 나타내고자 하는 내용에서 공통적으로 흐르는 주제를 도출하고 그 이유를 서술하시오. (5줄, 200자)

Summary

1. 나에 대하여
: [1단계 꿈]의 하루 일상 기술

2. 고전읽기 : 플라톤, 탈무드
: 책의 내용에 대하여 기술하시오.

3. 주제 토론
: 일반의지, 자유의지, 개별의지, 나

4. 음악 논술
: 4개의 악장 별 느낌과 그 이유를 설명, 기술하시오.

5. 천자문 / 명심보감

6. 논술 / 글쓰기
: 개별 창조적 삶이란 무엇인가?

7. 독서 노트
: 탈무드

개별의지의 적용에 대하여

✱ 6. '개별의지의 적용'에 대하여 자신의 생각을 종합하시오.

7. 선택받는 삶과 선택하는 삶에 대하여

나는 내 삶을 선택할 수 있는가?

다른 사람이 원하는 삶을 살 것인지
내가 원하는 삶을 살 것인지
그것은 멋진 삶을 살 것인지의 문제이다.
물론, 가난하고 부족한 삶일 수 있다.

7. 선택받는 삶과 선택하는 삶에 대하여

✽ 선택하는 삶을 사는 것은 누구나 원하는 일이다.
하지만 그것은 소수만 가능하다.
그 소수가 되려면
우리는 선택하는 삶을 살 수 있도록
자신을 끊임없이 향상하고 노력해야 한다.

✽ 에베레스트 산을 등반하기 위해서는
오랫동안의 준비가 필요하다.
바다 건너 아름다운 땅으로 가기 위해서는
커다랗고 튼튼한 배를 준비해야 한다.

1. 나에 대하여

오늘 미국과 중국의 무력 충돌로 제3차 세계 대전이 일어났다. 모든 사회교육 시스템은 무너졌고 전쟁에서 승리하거나 무사함을 바라야 하는 상황이다. 자신의 꿈과 삶을 어떻게 수정, 실현해 나갈지에 대하여 기술하시오. (400자)

✱ 선택 받는 삶을 강요받을 때, 어떻게 선택하는 삶으로 그것을 변화시킬 것인가?

200자

400자

2. 고전 읽기(1): 철학자들의 생각

냉철한 그리고 분노하는

2500년 인류 정신의 통찰을 통해
선택받는 삶, 선택하는 삶에 대하여 성찰해보자.

* Ref: 냉철한 그리고 분노하는, 자유정신사 (2017)

2. 고전 읽기(1): 철학자들의 생각

1. 자유는 아무것도 해주지 않지만 의지가 가미되면 마법이 시작된다

역사가 발전하는 원동력은 **관념**이 아니라 물질이다.
노동에 의해 자연에 작용하는 물질, 인간 상호 관계를 규제하는 생산 위계
이런 물질적인 것들로 인간은 발전한다.
"나는 헤겔의 '절대정신이 세상의 변화를 이끈다'는 말을 단호히 거부한다.
우리에게 자유를 주는 것은 정신이 아니라 물질과 재화이다.
이념적 자유는 우리에게 물질과 재화를 획득할 가능성을 제공할 뿐이니
자유와 평등을 목표로 하는 철학은 이론연구 영역을 벗어나
실제 인간 삶에 재화를 제공해 주는 실천영역으로 이동해야 한다.
차별 없는 재화의 재분배만이 차별 없는 평등 세상을 구축한다.
'그러므로 잃을 것은 쇠사슬밖에 없는 노동자들이여, 모두 단결하라.'"

(마르크스: 자본론)

자유로워도 아무것도 달라지는 것은 없다.
아침저녁 자유로워도 배고픔은 달라지지 않으니 자유는 가능성일 뿐이다.
자유는 어느 정도라면 선물이지만 그 이상 바라면 어느새 억압이다.

2. 고전 읽기(1): 철학자들의 생각

압제자의 억압 속에서 자유는 삶의 모든 것이지만

사막 뜨거운 태양 아래, 죽음의 갈증에서 자유는 아무것도 아니다.

자유의 가치는 무한할 수도, 아무것도 아닐 수도 있다.

자유는 단지 가능성일 뿐이지만, 인간을 고귀하게도 위대하게도 만든다.

[자유]는 아무것도 주지 않지만, 우리 [의지]가 작용하면

신비로운 마법을 발휘하여, 모든 것을 줄 수도 있다.

"그것은 우리들 속에 깃들어 있나니. 땅속에도, 별이 총총한

하늘에도 없도다. 이 모든 것은 우리 영혼이 만드는 것이니."

Nos habitat, non tartara, sed nec sidera coeli: Spiritus, in nobis qui viget, illa facit.

Agrippa von Nettesheim, De occulta philosophia, 1510.

(쇼펜하우어: 의지와 표상으로서의 세계)

집단 무의식은 개체가 통일된 전체를 실현케 하는

선천적 자기 원형이다.

이는 개체의 자유를 억압하고 삶의 틀을 결정한다.

시대, 지역의 집단 무의식이 무엇인가를 철저히 분석하고 대응해야 한다.

우리는 자유를 의지(意志)할 때만 비로소 자유롭다.

2. 고전 읽기(1): 철학자들의 생각

그 의지가 억압되는 것은 바로 우리의 자유가 억압되는 것이니

현대 자본주의는 교묘히 대중의 의지를 분열시키는 작업을 지속한다.

권력에 대한 보호와 비호를 경험한 민중은 무의식적으로 그들에 복종한다.

집단 무의식이 축적되면 그 사회는 무력한 죽은 공동체로 전락하니

의식의 심층에 있는 불가지(不可知)의 영구적 힘이 심적 과정을 지배한다.

우리는 억압적 사회에 대하여 명석·판명한 이성으로 무장해야 한다.

현대 사회는 자유로부터 무언가 받는 것이 아니라

집단 속에서 억압된 자기 원형을 회복시켜야 하는 형편이다.

(융: 인간과 상징)

우리 삶 대부분은 과거와 미래.

우리는 존재하지도 않는 과거와 미래를 위해

현재의 자유를 희생하는 허무하고 부자유한 존재이리니

자유는 과거와 미래의 사슬에 묶여 있구나.

이 사슬을 부수는 것은 의지를 부르는 현재적 자유.

과거 마저 현재에서 창조하는 것. *

부자유를 의지하는 자유, 이것이 우리의 실질적 자유이리니

＊ 실존을 넘어서 Ⅱ, 자유정신사, 2016, p215

2. 고전 읽기(1): 철학자들의 생각

자유는 항상 수고로운 현재를 선사하리라.

신(神)은 파우스트를 빼돌리겠다는 악마, 메피스토펠레스에게 이렇게 말했다.

"마음대로 하라. 인간이란 의지하는 동안에는 방황하는 법이니라.

너희들은 생생하고 풍요한 미를 의지하고 즐기려무나!

영원히 살아서 작용하는 생성의 힘이 우아한 담장으로 에워싸니리."

(괴테: 파우스트)

아무것도 없음이 자유롭게 한다.

편히 쉴 수 있는 작은 공간과 따뜻한 햇볕, 그것으로 충분하다.

무욕(Askesis, 無慾), 무소유(Atarkeia, 無所有), 무치(Anaideia, 無恥)를 통한

'아무것도 없음'은 아무것도 두려워할 것 없는 용기와 자유를 줄 것이다.

(디오게네스: 不明)

"나는 지하 생활에서 당신들이 내 반 만큼도

시도할 엄두도 내지 못했던 것을 극단까지 수행했다.

아마도 당신들에 비하면 내가 훨씬 더 자유롭게 살고 있다고 할 수 있다.

2. 고전 읽기(1): 철학자들의 생각

당신들은 자신의 비겁함을 세련됨이라 생각하면서
스스로 위안으로 삼고 있었던 것이며
당신들은 무언가 열심히 하지만 결국 거의 불가능한
좀 더 일반적인 인간이 돼 보려고 열렬히 시도하고 있는 것이다.
더욱이 사람들이 그것을 점점 더 좋아하게 되고
또 거기에 맞추어 가는 것 같다."
자유를 향한 의지는 사람을 왕으로 만들기도 하고 노예로 만들기도 한다.
왕은 주려고만 하는 자이고 노예는 얻으려고만 하는 자이니
타인을 자유롭게 하는 자는 왕이고
타인으로부터 자유를 얻으려는 자는 노예이다.
타인을 잘 이용하고 타인으로부터 많은 이익을 얻어서
스스로 현명하다고 생각하는 자는 보통 노예근성을 가진 자이다.
자유에 의지가 더해지면 그것은 우리 삶의 캔버스를 다시 하얗게 만들며
이 마법을 발휘하는 자유 의지는 언제 어디서나 그리고 누구든 가능하다.

(도스토예프스키: 지하로부터의 수기)

우리는 숨 쉴 수만 있다면 자유로울 수 있다.

2. 고전 읽기(1): 철학자들의 생각

그런데 자유는 아무것도 주지 않아서
자유로운 삶을 위한 준비에 시간을 너무 끌면 결국 죽음의 준비가 될 것이다.
잘못하면, 아름다운 언덕에 집을 짓고서는 삶을 마치니
준비 잘하려다 젊음이 다 간다. 삶은 신중해야 하지만
그렇다고 설렘의 시기가 다 지나도록 겁쟁이가 되어서도 안 된다.
몇 번이고 말하지만, 용기가 없으면, 자유는 어느 봄날 허황된 헛소문일 뿐.
우리 자유 정신의 소유자들이여!
성실함이 허영이나 가식 혹은 우리의 한계, 어리석음이 되지 않도록 주의하자.
미덕은 어리석음이 되기 쉬운 법이고, 어리석음 역시 미덕이 되기 쉬우니
러시아 속담에도 [성스러울 만큼 어리석다]라고 하지 않는가.
<u>성실함으로 마침내 성자가 되거나, 따분한 존재가 되지 않도록 주의하자.</u>
<u>백 번을 산다 해도 따분하게 살기에는 인생은 너무 짧지 않은가?</u>

(니체: 선악을 넘어서)

니체 선생, 뭐 인생이 그리 따분할 것도 없다. 따분하기에는 인생이 너무 짧다. 죽어라 일하다가 허무하게 죽는 것이 보통의 우리 삶인데, 쉴 수 있을 때 쉬고, 어떤 방법을 써서라도 편안히 살다 죽는 것이 현명한 일이다. 어차피 곧 죽으니까. 노자 선생도 몇 번이나 그렇게 말하지 않았는가?

2. 고전 읽기(1): 철학자들의 생각

벨페고르 선생 말대로 편안히 사는 것은 재미없다. 어차피 죽는 데 왜 따분하게 편안히 살다가 죽는가? 세상은 쾌락이 주는 즐거움으로 가득하고 그것을 좇는 것이 인간다운 것이다. 그리고 실제로 대부분의 인간들은 내 쾌락의 악마, 아스모데우스 유혹을 뿌리치지 못한다.

악마들은 인간을 너무 과소평가한다.
그들은 어차피 죽을 인생이라며 지상의 인간을 유혹하는데 효과를 보고 있다.
나는 '어차피 살 인생이라면' 이라 하면서 사람들을 인도한다.
자기 열정으로 세상의 악과 부조리를 제거하고
약자들이 안심하는 얼굴을 숨어서 조용히 바라보는 희열을 감히
나태와 쾌락과 비교하는 것은 악마에 딱 어울리는 일이긴 하다.

"인간은 자유롭게 태어났으나 자랑스러운 우리 사회에서 쇠사슬에 묶여 있다."
사슬은 삶의 꿈, 목표 오인에 기인하고 자유는 사슬을 끊는 자에게만 제공된다.
우리 삶의 목표는 재력·권력·명예와 같이 타인과의 관계와 평가에 의해 결정되어 가는 대타적(對他的) 물질목표-[차갑고 무거운 것]이 아니라

7. 선택받는 삶과 선택하는 삶에 대하여

2. 고전 읽기(1): 철학자들의 생각

평등·자유·정의·사랑·평화·탐구·탐험·나눔 같이 각 개별자가 직접 만들어 가는 대자적(對自的) 정신목표-[따뜻하고 가벼운 것]이어야 한다.
따뜻하고 가벼운 개별 가치의 특징은 삶의 목표를
[작지만 조금씩, 누구나, 언제나 그리고 지금] 가능하게 한다는 것이니
소박하고 숭고한 삶이 바로 우리 옆에 있다.
내일, 1년 후, 10년 후에야 이룰 수 있는 꿈은 악마의 목표이다.

(루소: 인간 불평등 기원론)

우리가 자유롭지 못한 것은 젊음이 지나면서 커지는 두려움 때문이다.
젊음의 자유로움을 위해 오랫동안 준비했던 것처럼
새로운 곳으로 항해를 시작하려면 언제나 인고의 준비가 필요하다.
두려움은 준비 부족에 기인하고 자신감은 노력에 비례하니
여정을 위한 준비를 계속하는 것이 자유를 잃지 않는 유일한 방법이다.
자유는 또 다른 삶을 준비하도록 힘을 주는 오후 만찬이리니.
"언젠가 안회(顔回)가 이렇게 물었다.
'단정하고 겸허하며 근면하고 순일하면 되겠습니까?'
어찌 그것으로 되겠는가? 당신은 겉으로 보기에는 덕이 충만하여 있는 것 같으나, 안색마저도 안정되지 않으니 소심한 범부와 조금도 다름이 없다.

2. 고전 읽기(1): 철학자들의 생각

남의 감정만 헤아려 그 사람의 마음에 들기만 하고자 하니
이런 것을 일러 '덕을 조금씩 이루어가는 것은 불가능하다'고 하는 것이다.
비록 벌은 안 받을 것이나, 죽을 때까지 자유롭지 못할 것이다.
사람의 작위(作爲)에 사로잡히는 자는 허위에 사로잡히기 쉬운 법.
걸음을 멈추고 가지 않기는 쉽지만, 걸어가면서 땅을 건드리지 않기란 어렵다.
세상은 허위 천지이니 땅을 걸으면서 땅을 건드리지 않는 듯한 모습을 한
다." 자유의 본래 뜻은 진실을 도모하여, 허위를 전도(顚倒)시키는 과정이다.

〈장자: 인간세편〉

진리를 개별화할 수 있는 자만 실존하며, 개별화된 자유가 실존을 제공한다.
즉, 실존적 개체만이 진리에 다가간다.
옛말에 '<u>일하기 싫은 사람은 먹지도 말라.</u>'*는 말이 있다.
그러나 이 말은 우리 외부 세계에서는 어울리지 않는다.
이 세계에서는 불완전법칙에 지배되어 있으며
이는 일하지 않는 사람도 먹을 것을 얻고, 게으른 사람이 일하는 사람보다
더 많은 빵을 얻는 일이 항상 되풀이되고 있기 때문이다.
그리고 이 세계에서는 보물을 가지게 된 자는
그것이 어떤 방법으로 수중에 들어왔는지는 관계없이 그것을 소유한다.

---
* 데살로니가 사람들에게 보낸 편지, 사도 바울, 3장 10절

7. 선택받는 삶과 선택하는 삶에 대하여

2. 고전 읽기(1): 철학자들의 생각

그러나 정신세계에서는 사정이 다르다.

여기에는 영원한 신적인 질서가 지배하고 있다.

여기에서는 옳은 자와 옳지 않은 자에게 동등하게 비가 내리지 않는다.

선한 자와 악한 자 위에 똑같이 햇빛이 비치는 일도 없다.

여기에서는 일하는 사람만이 먹을 것을 얻고, 불안을 겪어본 자만이

평화를 찾으며, 저승으로 내려간 자만이 애인을 구출할 수 있고

칼을 빼는 자만이 이삭을 얻게 되어 있다.

유한계의 것과는 질이 다른 무한성이 숨겨져 있는 눈짓, 얼굴 생김, 몸짓, 슬픔에 잠긴 표정, 미소 같은 것이 보이는 자를 나는 아직 만나지 못했다.

견고하고 늠름한 자들, 이들은 확실히 유한성의 것이다.

보통 세상을 여행한다고 하면 그 목적은 강과 산, 새로운 별,

여러 빛깔의 새, 이상한 고기, 우스운 인종 등을 보려는 데 있다.

그들은 '넋 빠진 짐승 모양을 하고 눈을 부릅뜨고 구경을 하는 것이다.'
그리고는 대단한 것처럼 생각한다. 나는 그러한 일에 세월을 보내진 않는다.

그러나 무한성을 가진 자유의 기사(騎士)가 살고 있는 곳이라면

나는 즉시 그를 찾아 나설 것이다.

대개의 인간은 세속적인 기쁨이나 슬픔에 사로잡혀 살아가고 있다.

이들은 가만히 앉아 구경이나 하며 직접 무용에는 참여하지 않는 자들이다.

무한성의 기사들은 무용가이며 도약의 능력을 지니고 있다.

2. 고전 읽기(1): 철학자들의 생각

그들은 공중으로 뛰어올랐다가 다시 지상으로 떨어진다.
그들은 땅으로 떨어질 때마다, 그 자리에서 일정한 자세를 취할 수는 없다.
그들은 순간적으로 비틀거린다. 바로 이 비틀거림이
그들은 역시 [이 세상에서의 이방인]이라는 것을 증명해주는 것이다.
이것은 그들의 실력 차이에 따라서 현저히 달라지지만
가장 뛰어난 사람도 역시 비틀거림을 완전히 숨길 수는 없다.
그들은 타인이 되려는 욕망은 조금도 없다.
**자기 자신을 잊어버리고 무엇인가 다른 새로운 것이 되려는 것은
속물들에게나 있는 일이다.**
이렇게 도약과 비틀거림의 자유는 바로 실존을 제공한다.

(키에르케고르: 공포와 전율)

행복한 미래는 자유를 통해 얻는 듯하지만
오히려 행복은 [부자유에 대한 인내]를 통해 약속받는다.
자유가 우리에게 주는 것은 행복이 아니라 [존재의 깨어있음]뿐이다.
존재의 깨어있음이란 개별 자유, 즉 [자유에 대한 개인의 의지와 인식]이다.
누구도 억압할 수 없고 누구도 알 수 없는 각자 가슴 속의 붉게 빛나는 구슬.
이렇게 실존은 보편적인 이성이 아닌 우리 각자의 삶으로 눈을 돌린다.

2. 고전 읽기(1): 철학자들의 생각

실존은 어떻게 살아야 할지, 무엇을 해야 하는지

각자가 결정하면서 주체적으로 살도록 인도한다.

실존은 의식으로 나타나는 현상을 있는 그대로 사실적으로 분석하고

기술함 [현상학, 생각하지 않고 관찰한다. 후설(Husserl)] 으로써 그 모습을 드러낸다.

"염려와 불안 속에 퇴락하는 존재가 되지 않으려면

상식과 잡담에 의해 지배받는 존재가 되지 않으려면

즉 [그들]이 아니라 자기 [자신]으로 실존하려면

실존을 억압하는 장애물에 철퇴를 내리기 위한 세세한 준비에 돌입해야 한다.

[그들]은 모두가 타인이며 어느 누구도 그 자신이 아니다.

사람들은 [그들]과 똑같이 행동하면서 [그들] 속에 숨고

책임질 일이 생겼을 때는 아무도 모습을 드러내지 않는다."

'현존재의 주체는 누구인가'라는 물음에 [그들]은 아무것도 아닌 허상인 것이다.

(하이데거: 존재와 시간)

인류 정신은 자유를 위해 "재화의 재분배, 집단 무의식으로부터의 탈출, 부자유의 선택, 아무것도 없음의 가치, 따분함을 허락하지 않는 의지, 대자(對自)적 목표, 무위(無爲), 개별 실존에의 의지"를 지상의 사람들에게 전하고 있다. 지혜의 신, 아테나는 지상의 사람들에게 이렇게 말했다.

2. 고전 읽기(1): 철학자들의 생각

"자유는 아무것도 해주지 않고 자유로부터 아무것도 얻을 수 없다. 그래서 자유와 먹을 것을 바꾸는 것이다. 자유를 목적으로 삼지 말라."

"사랑이 삶을 도와주지는 않는다. 자유도 동일하다. 아무것도 주지 않지만, 우리 실존을 결정한다."

- 자유는 아무것도 해주지 않지만, 의지가 가미되면 마법이 시작된다.

2. 고전 읽기(1): 철학자들의 생각

문제 1 각 철학자들이 말하는 핵심 내용을 설명하시오.

✱ 1. 자유는 아무것도 해주지 않지만 의지가 가미되면 마법이 시작된다

1.

2.

3.

4.

5.

6.

7.

2. 고전 읽기(1): 철학자들의 생각

문제 1 각 철학자들이 말하는 핵심 내용을 설명하시오.

✤ 1. 자유는 아무것도 해주지 않지만 의지가 가미되면 마법이 시작된다

8.

9.

10.   200자

11.

12.
                                                                                                         400자

                                                                                                         600자

7. 선택받는 삶과 선택하는 삶에 대하여

2. 고전 읽기(1): 철학자들의 생각

2. 자유의 땅에 도착하기 어려운 것은 잘못된 표지판도 한몫한다

우리는 인간에 의한, 인간에 대한 지배가 없는 사회를 목적한다.

정부는 권력의 과정에서 부패적 폭압을 행사할 수밖에 없으니

진리가 오류를 대체하듯, 정부는 개인의 도덕성으로 치환되어야 한다.

대중의 자유로운 삶을 위해서는, 인습적 정부를 거부하고

공동 생산, 공동 분배의 '소규모 자립 공동체'가 그 중심이 되어야 한다.

"인습적 사회 구조를 와해시키는 것이

다수가 자유에 도달하는 관문이다."

(고드윈, 정치적 정의)

2. 고전 읽기(1): 철학자들의 생각

우리의 자유는 핵심을 피해 있고 또 매우 제한적이다.

그것을 원하지 않는 자들도 적지 않다.

공동체의 자유 상태는 소수 몇 사람만으로는 불가능한 일이니
서로 나누어 다수가 자유로울 때 비로소 자유에 의미가 생긴다.

<u>일부만 자유롭다면 오히려 그 공동체는 절망적이다.</u>

공동체 자유 상태는 힘 있는 자와 없는 자가 공유해야 가능하니

양보, 공유, 나눔으로 함께 만들어가는 것이다.

만일 누군가, 무엇인가가 그렇게 하지 않는다면

끊임없이 설득하고 필요하다면 투쟁해야 한다.

그렇지 않으면 후세 사람들에게 이런 이야기를 들을 것이다.

"짐승에게 굴복하여 그들을 숭배하게 된 사람들의 비열함이여!"

(파스칼: 팡세)

삶은 자유와 부자유의 혼돈이다.

자유롭다고 부자유하지 않은 것은 아니니 교만해서는 안 되고
부자유하다 하여 자유롭지 않은 것도 아니니 누구도 초라하지 않다.

2. 고전 읽기(1): 철학자들의 생각

**자유는 필연적 관계 속에서
지성의 그늘 아래, 제한적으로만 부여되는 것이다.**

"무지한 사람은 외적인 원인으로 여러 가지 방식으로 동요되어

결코 만족과 자유에 도달할 수 없다.

이에 반하여, 지성을 가진 자는 자기 자신이나 신(神)

그리고 그 밖의 것을 [어떤 영원의 필연성]에 의해서 의식한다.

그는 결코 필연적으로 존재함을 그치지 않으며

언제나 마음의 만족, 행복, 자유에 도달해 있다.

감정 억제에 대한 무력(無力)은 복종이며, 지성은 그 감정을 제어한다."

자유를 위한 비밀의 열쇠는 지성의 확보를 위한 몸부림과 투쟁이다.

(스피노자: 에티카)

자유는 우리 곁 어디에도 없으니

그는 험난한 계곡을 지나 저편 설산(雪山) 너머에 숨어있다.

험난한 길이라 찾으러 갈 수조차 없으니 우리는 자유롭지 못한 운명이다.

자유는 세심하게 준비된 자에게만 보내주는 선물이다.

어느 날 아침, 눈을 떴을 때 갑자기 자유로울 수는 없는 일이니

그에 어울리는 실력과 힘, 탁월함을 준비해야 한다.

2. 고전 읽기(1): 철학자들의 생각

음악을 위해 노동을 하기도 하며, 철학을 위해 천문을 하기도 한다.
"드러내려 발돋움하면 제대로 오래 설 수 없고
거드름 피우며 가랑이를 벌리고 걷는 자는 제대로 걸을 수 없다.
자기를 내세우는 자는 도리어 밝게 나타나지 못하고
자기를 옳다고 주장하는 자는 도리어 빛나지 못하며
자기를 과시하는 자는 도리어 오래가지 못한다.
자유의 계곡에 어울리는 힘을 가지려면 자기를 내세우지도,
주장하지도, 과시하지도 않으면서 밝게 빛날 수 있어야 한다."
실력이 조금밖에 안 쌓인 자가 오랫동안 인내하는 것은 드문 일이니
주위에서 군자를 보기 힘든 이유이다.

(노자: 도덕경)

"소유 불균형에 의한 삶의 계층화는 해방된 자유를 다시 억압할 것이다.
자유에의 문은 소유 불균형을 파괴하고
계층의 차이를 해소하기 위한 분노와 투쟁을 통해서만 달성 가능하다.
만연하는 인간 불평등의 근원은 자본가의 노동자 착취와 잉여 노동이다.
지나친 가난은 게으름 탓이 아니라 자본 중심 사회 탓이다.
하루 12시간 이상 일하는 노동자에게 노력 부족을 탓할 수는 없으니.

2. 고전 읽기(1): 철학자들의 생각

<u>소유 재분배로 민중에게 삶의 여유와 시간을 돌려주어야 한다.</u>"
그것이 결국은 자본가도 포함한 모두를 위한 방법이다.
나는 자본주의의 적일 수도 있지만, 자본주의의 완성자이기도 하다.
자본주의는 지금도 내 덕에 겨우 그 명맥을 유지하고 있으니.

(마르크스: 자본론)

자유의 투사들이라 하더라도 자유를 유산으로 물려주지는 못하니
자유는 상속할 수 있는 것이 아니기 때문이다.
단언컨대, 계승된 자유의 시대란 없다.
자유는 언제나 그 시대 당사자들이 처음부터 다시 만드는 것.
독재자에 의한 억압은 자유의 일부분일 뿐이니
쟁취한 자유도 감시하지 않는다면 또 다른 압제자가 나타날 것이다.
자유는 집단 속에 묻혀 있는 지극히 개인적인 것이니
집단 속 개개인의 자유에 대한 열망과 투철하고 행동적 투쟁이
전제되지 않는 한 자유는 조금도 진전하지 못할 것이다.
억압자 몇 사람 제거되었다고 자유롭다 착각하면 오산이다.
<u>자유는 그 쟁취를 위한 끊임없는 투쟁과 함께</u>
<u>시골 노인의 소박하고 주름진 얼굴 그리고 도시 골목 너머 소년의 가슴까지</u>

2. 고전 읽기(1): 철학자들의 생각

모두가 가지는 '생각의 힘'으로 완성되는 통합 가치이다.

지금 여기는 아직 자유롭지 못하다. 자유를 위한 투쟁심도 식었다.

"현대인은 대중과 함께 달려온 대중 예찬자였으나

이제부터는 대중의 적이 될 것이다.

대중과 있기만 하면 자기의 나태함도 덕을 볼 것이라고 믿고 따라왔는데

실제로 그들은 우리가 생각하고 있는 것처럼

결코 나태하지 않다는 것을 아직 모르고 있었던 것이다.

대중은 항상 앞으로! 앞으로! 앞으로! 투쟁을 독촉하고 있다는 것을.

대중은 멈추고 있는 것을 누구에게도 허용하지 않는다는 것을.

그런데 나태해진 우리는 멈추고 있는 것을 좋아하게 되어버렸으니!"

자유에 도달하는 문은 몇 번이라도 말하지만 투쟁! 투쟁! 투쟁! 이다.

(니체: 즐거운 지식)

"이것이 시를 사랑하는 자가 말하는 철학자의 특징, 네 가지이다.

그들은 주인에게 짖어대며 소란을 피우는 개이고

바보들의 잡담 가운데 우두머리이며

지나치게 예리한 쓸데없는 두뇌를 가진 무리이고

자기가 거지임을 섬세히 따지는 놈팡이들이다."

2. 고전 읽기(1): 철학자들의 생각

그러나 순종적 개의 태도에서 벗어나 소란을 피워야 자유를 얻을 수 있고
현자(賢者)들의 상투적인 심각한 인사말에 이제 숨이 막혀버린다.
인간 자유 확보를 위해 분주한 두뇌는 아무리 예민해도 지나치지 않고
모두가 거지임을 섬세히 증명하여 평등적 자유를 쟁취해야 한다.
자유에 도달하는 지름길은 소란스러운 개, 바보 같은 잡담꾼,
쓸데없이 예리한 무리, 거렁뱅이를 자처하는 놈팡이가 되는 것이다.

(플라톤: 국가)

도대체 자유로운 자는 다들 어디 숨어 있는가?
모두 '자기의 자유롭지 못했던 이야기'로 눈물 흘릴 준비가 되어 있는 자들뿐,
어느 날, 보랏빛 주홍으로 유혹하는 남서쪽 노을이 이렇게 말한다.
끝없는 우주도 법칙과 질서 속에 움직이니
인간이 억압적 질서 속에 움직이는 것은 크게 이상할 것도 없다.
자유로운 자는 신(神)뿐, 하지만 우리는 죽을 때까지 자유를 찾을 것이다.
자유는 시지푸스의 신화와 같이 또 다른 부조리를 의지하는 과정이다.
인간이 가능한 자유는 기껏해야 자기 공간 속, 개별 자유를 만드는 정도이다.
"지난 일요일이었다. 가스등이 반짝였다.
잠시 나는 내가 사람들을 사랑하려는 것은 아닐까 하고 자문해 보았다.

2. 고전 읽기(1): 철학자들의 생각

그러나 결국 오늘도 [그들의 일요일]이지 [나의 일요일]은 아니었다.

변한 것이라곤 아무것도 없었다.

그것을 묘사할 수 없었지만 모든 것들이 다른 형태로 존재하고 있었다.

그것은 [구토]인가 생각도 해 보았지만, 전혀 달랐다.

하여간 어떤 모험이 나에게 일어나고 있었다.

이 어둠을 뚫고 걸어가는 것이 바로 나이다.

나는 자유로운 소설의 주인공처럼 행복하다.

스스로 자문해 볼 때 나는 나이며

내가 여기에 있다는 사실이 내게 일어나고 있다는 것을 나는 이제 안다."

(사르트르: 구토)

인류 정신은 자유가 있었던 사라진 정원에 가기 위한 표지판을 "인간에 대한 인간의 지배가 없는 세상, 비열한 짐승들에게 굴복하지 않는 정신, 지성의 확보를 위한 몸부림, 민중의 삶에 여유를 돌려줌, 나태하지 말고 투쟁할 것, 어둠을 뚫고 가는 실존"으로 다시 만들어 달고 있다. 지혜의 신, 아테나는 지상의 사람들에게 이렇게 말했다.

"내가 궁금한 것은 '자유를 어떻게 쓸 것인가' 인데

모두, 자유롭기 위한 편법만 가르치는구나!"

2. 고전 읽기(1): 철학자들의 생각

"억압과 독재를 벗어나면 가난이 드러난다.
생각은 비슷해졌는데 가진 것이 다르기 때문이다."

"자유로운 자는 없어도 자유를 의지(意志)하는 자는 눈에 띈다.
전자는 신이고 후자는 인간이다."

- 자유의 땅에 도착하기 어려운 것은 잘못된 표지판도 한몫한다.

2. 고전 읽기(1): 철학자들의 생각

문제 2 각 철학자들이 말하는 핵심 내용을 설명하시오.

⚜ 2. 자유의 땅에 도착하기 어려운 것은 잘못된 표지판도 한몫한다

1.

2.

3.   200자

4.

5.   400자

6.

7.

8.   600자

2. 고전 읽기(2): 데카르트, 방법서설

"도서관 이용 학습"
아래 고전 읽기 책을 도서관에서 대여하여 읽고 문제의 답안을 작성하시오.

데카르트　　　　방법서설

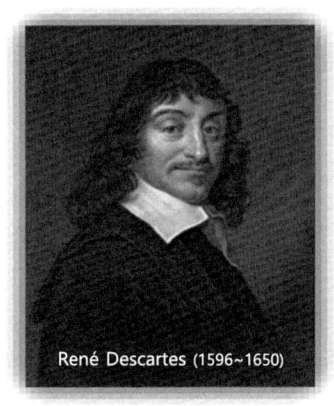

데카르트는 '방법서설'을 통해
진리를 찾기 위한 '명백, 분리, 점진, 확신'
네 가지 사고 방법을 제시하고
이로부터 그는 우리가 '생각하는 존재'의 가치를 명시한다.
여기서 생각하는 존재는
자신의 자유의지를 바탕으로 '선택하는 존재'이다.
진정한 '생각하는 존재'는
독립성, 자의성을 바탕으로 비로소 성립하기 때문이다.

---

* Ref: 방법서설, 데카르트, 주니어김영사, 1장, p12~31 (2010)

2. 고전 읽기(2): 데카르트, 방법서설

방법서설, 데카르트, 주니어김영사, 1장, p12~17 내용을 읽고 답하시오.

2. 고전 읽기(2): 데카르트, 방법서설

방법서설 제1장을 읽고 요약 기술하시오.

(1) Page 문장 방식으로 (18~20 문장) 작성하시오. (그 Page에서 가장 중요한 핵심 내용을 파악하여 기술함)
(2) 다른 사람에게 설명할 수 있도록 발표원고(설명문) 형식으로 정리하시오.

답안

1.
2.
3.
4.
5.
6.

요약 (150자)

2. 고전 읽기(2): 데카르트, 방법서설

방법서설, 데카르트, 주니어김영사, 1장, p18~24 내용을 읽고 답하시오.

2. 고전 읽기(2): 데카르트, 방법서설

방법서설 제1장을 읽고 요약 기술하시오.

(1) Page 문장 방식으로 (18~20 문장) 작성하시오. (그 Page에서 가장 중요한 핵심 내용 파악, 기술함)
(2) 다른 사람에게 설명할 수 있도록 발표원고(설명문) 형식으로 정리하시오.

답안

7.

8.

9.

10.

11.

12.

13.

요약 (150자)

2. 고전 읽기(2): 데카르트, 방법서설

방법서설, 데카르트, 주니어김영사, 1장, p25~31 내용을 읽고 답하시오.

2. 고전 읽기(2): 데카르트, 방법서설

방법서설 제1장을 읽고 요약 기술하시오.

(1) Page 문장 방식으로 (18~20 문장) 작성하시오. (그 Page에서 가장 중요한 핵심 내용 파악, 기술함)
(2) 다른 사람에게 설명할 수 있도록 발표원고(설명문) 형식으로 정리하시오.

답안

14.

15.

16.

17.

18.

19.

20.

요약 (150자)

3. 주제 토론: 선택받는 삶 / 선택하는 삶

[우리 삶의 목표는 무엇인가]

우리 삶은 대부분 선택받으려 산다.

죽는 순간까지 신(神)에게 선택받으려 기도한다.

그러면 언제, 우리 삶을 선택하는가.

자신이 할 수 있는 것은 잊어버리고

할 수 없는 것을 좇아, 삶을 고뇌 속에서 낭비하는 것은

잘못된 습관일 뿐이다.

우리는 선택받는 소수가 되려고

너무 애쓰려 하지 않는 것이 좋다.

우선 선택받는 소수는 (그 희소성이 클수록 이루기는 더욱 어렵다.)

말 그대로 소수라서 이루기 어렵고

선택되더라도 선택받은 소수로서 오래 지속할 수 없기 때문이다.

3. 주제 토론: 선택받는 삶 / 선택하는 삶

[선택받는 소수]가 되려는 노력을 버리고

[선택하는 소수]의 삶을 목표로 전환하는 것이 좋다.

이편이 훨씬 쉽고 편안하다.

타인에게 선택받아 즐거움을 느끼는

수동적인 삶의 자세와 목표에서 벗어나기를 바란다.

선택할 수 있는 자가 되기 위해서는

자유로움이 필요하다.

그리고 자신이 지금 현재를 희생하면서 이루고자 하는

그 삶의 목표에 도달하였을 때

우리, 과연 자유로울 수 있을 것인가를 생각해야 한다.

선택받으려 노력하지만 않아도

곧 자유로울 수 있다.

3. 주제 토론: 선택받는 삶 / 선택하는 삶

선택받는 자가 아니라, 선택하는 자가 되어야 한다.
선택하는 자가 무엇을 의미하는지에 대하여
깊이 생각해 볼 일이다.

나는 지금 이 순간에도 많은 것을
이미 선택할 수 있지 않은가?
이미 많은 것을 가지고 있지 않은가?

이미 선택할 수 있는 것들로 가득한데
선택받으려 그렇게 노력할 필요 없다.

선택하는 것을 삶의 목표로 하면
타인에 의해 만들어진 세상의 법칙은 무너지고
자유의지로 구성된 개별적 삶의 법칙
실존 [나]의 법칙이 우리 삶을 지배할 것이다.

3. 주제 토론: 선택받는 삶 / 선택하는 삶

문제 1 '선택 받는 삶과 선택하는 삶'을 비교하여 기술하시오. (400자)

7. 선택받는 삶과 선택하는 삶에 대하여

✽ 선택하는 삶을 사는 것은
개별의지를 완성하면서 살아가는 것이다.
자신의 개별의지를 이루기 위한
'끊임없는 노력과 쟁취'
이것이 우리가 선택하는 삶을 살 수 있도록 돕는다.

✽ 우리가 실존한다는 것은
구분되지 않는 부분으로 존재하는 것이 아니라
우리가 전체가 되는 것이다.
우리가 '나'가 되고 '세상'이 되고 '우주'가 되어
살아가는 것이다.
그러므로 실존적 존재는
세상으로부터 무언가 얻을 필요가 없다.
우리가 주인인 이 세상을 경영해 나갈 뿐이다.

5. 천자문 (7/125)

劍(칼검) 號(이름호) 巨(클거) 闕(대궐궐)
地上(지상)에는 巨闕(거궐)이라고 이름하는 名劍(명검)이 있고

珠(구슬주) 稱(일컬을칭) 夜(밤야) 光(빛광)
海中(해중)에는 夜光(야광)이라 일컫는 구슬이 있다.

검호거궐　　　주칭야광
劍號巨闕이요　珠稱夜光이라.

검이 되려거든 거궐이 되고
구슬이 되려거든 야광이 되라.

[한자 세 번, 뜻 한 번을 쓰시오]

5. 명심보감 (明心寶鑑)

권학편(勸學篇)

博學强識而讓 하고　**敦善行而不怠** 하면
　박학강식이양 하고　　　　돈선행이불태 하면

謂之君子라. 위지군자 라.

많이 배워 아는 것이 많아도 겸손하며
선을 행하는데 태만하지 않아야 군자라 할 수 있다.

군자의 기준은
선함이 아니라 그 선함을 행함에 있다.

[한자 두 번, 뜻 한 번을 쓰시오]

5. 논술 / 글쓰기

[문제] 다음 〈물음〉에 대한 자신의 생각을 자유롭게 논술하시오.*
　　　(600자)

〈물음〉

> 노예가 스스로 노예로 남기를 원할 때, 본인이 원하지 않더라도 해방시키는 것이 옳은가, 아니면 그대로 노예로 두는 것이 옳은가?
>
> ※ 다음 내용을 포함하여 기술하시오.
> 　- 물음에 대해 한 문장으로 명확하게 표현된 자신의 대답
> 　- 자신의 대답에 대한 근거, 세 가지

*철학 올림피아드 문제

답안

인문고전 추천 7

사랑의 학교 (아미치스)

《사랑의 학교》(이탈리아어: Cuore)는 이탈리아의 작가 에드몬도 데 아미치스가 1886년에 발표한 아동문학이다. 원제 Cuore는 이탈리아어로 마음, 심장을 뜻한다. 초등학교 4학년인 엔리코가 학교와 집에서 있었던 아름다운 일들을 일기에 적어가는 형식을 취하고 있다. 만화와 애니메이션으로도 만들어진 《엄마찾아 삼만리》는 동화 속에서 담임선생님이 반 학생들에게 들려준 이야기 중 하나이다. 나라에 대한 작가의 애국심과 가난을 피해 이민이나 해외 취업을 해야 했던 이탈리아 민중들의 삶에 대한 묘사가 작품의 가장 큰 특징이다.

* Ref: 관련 백과사전 등 참고

독서노트 (7)

[사랑의 학교에 흐르는 정신에 대하여]

1. **저자**: 아미치스

2. **도서**: 사랑의 학교

3. **독서노트**
   (1) 주요 등장 인물 5명을 기술하시오. (400자)
   (2) 등장 인물을 중심으로 이야기를 요약하시오. (400자)
   (3) 감명 깊었던 이야기 2가지를 요약 기술하시오. (400자)
   (4) '사랑의 학교'에 흐르는 3가지 정신(교훈)에 대하여 기술하시오. (400자)

4. **기간** : 2주

독서노트

(1) 주요 등장 인물 5명을 기술하시오. (400자)

독서노트

(2) 등장 인물을 중심으로 이야기를 요약하시오. (400자)

200자

400자

600자

독서노트

(3) 감명 깊었던 이야기 2가지를 요약 기술하시오. (400자)

독서노트

(4) '사랑의 학교'에 흐르는 3가지 정신(교훈)에 대하여 기술하시오. (400자)

Summary

1. 나에 대하여
 : 오늘 미국과 중국의 무력 충돌로 제3차 세계 대전이 일어났다. 모든 사회교육 시스템은 무너졌고 전쟁에서 승리하거나 무사함을 바라야 하는 상황이다. 자신의 꿈을 어떻게 수정시켜 나갈 것인가?

2. 고전 읽기: 데카르트
 : 방법서설

3. 주제 토론
 : 선택받는 삶 / 선택하는 삶

4. 천자문 / 명심보감

5. 논술 / 글쓰기
 : 노예가 스스로 노예로 남기를 원할 때, 본인이 원하지 않더라도 해방시키는 것이 옳은가 아니면 그대로 노예로 두는 것이 옳은가?

6. 독서 노트
 : 사랑의 학교 (아미치스)

선택받는 삶, 선택하는 삶에 대하여

✱ 7. 선택받는 삶, 선택하는 삶에 대하여 자신의 생각을 종합하시오.

오래된 바람이 기억하는 것은
그가 강자인지 약자인지가 아니라
그의 선한 미소이다.

- 진리의서, 자유정신사 -

8. 올바름과 어리석음에 대하여

세상에는 왜 올바르지 않은 사람들이 있는가?

누군가 올바르지 않은 행동을 하는 이유는
그가 올바르지 않아서가 아니라
그가 올바르지 않은 행동을 할 때
잃을 것을 잘 모르는 경우가 더 많다.

8. 올바름과 어리석음에 대하여

✱ '올바름'의 반대는 '올바르지 않음'이다.
올바름은 지혜로움에 기인하며
올바르지 않음은 어리석음에 기인한다.
그러므로 올바름을 위해서는
어리석음으로부터 지혜롭게 되기 위한
성찰과 그것을 위한 노력이 필요하다.
이때 자발적 독서와 자의적 사유의 시간이 필요하다.
이 시간이 부족하게 되면
그 어떤 경우에도 거의 예외 없이
어리석음에서 벗어날 수 없다.

✱ 올바르지 않음은 외부적 강제력,
즉, 법률, 규칙, 힘으로 통제될 수 있다.
그러나 이 경우, 그 통제의 수단이 조금이라도 약해지면
어느새 그는 올바름으로부터 벗어난다.
우리에게 자신의 선한 인성을 본성화할 수 있는
교육과 성찰이 필요한 이유이다.

1. 나에 대하여

자신의 1단계, 2단계 각각의 꿈과 목표에 대하여 "정확하고 간략히 표현"하여 정리하고 기억하시오. (변경, 종합)

200자

400자

2. 고전 읽기

플라톤　　　국가 (Politeia)

플라톤의 '국가'에서
사람의 '올바르지 못함'과 '어리석음'에 대하여 사유한다.
'기게스 반지 이야기'와 '죄수 동굴 이야기'에서
나의 모습, 사람들의 모습을
깊이 성찰해 보도록 하자.

2. 고전 읽기: 플라톤, 국가

〈제시문 1〉

"정의를 지키는 사람들도 사실은 부정을 저지를 힘이 없기 때문에 어쩔 수 없이 그렇게 하고 있지만, 그 속마음은 다음과 같은 사고(思考) 실험을 통해 쉽게 알 수 있습니다."

(1) 즉, 올바른 사람과 그렇지 않은 사람에게 무엇이든 원하는 대로 할 수 있는 자유를 줍니다.
(2) 그러고 나서 두 사람의 뒤를 밟고, 그들 각자는 그들의 욕망에 반응하도록 합니다. 그리고 그들이 어디로 인도되는지 살펴보십시오.

그러면 욕심(자신의 분수를 깨는 것)에 의해, 올바른 사람이 도달하는 곳과 부정한 사람이 도달하는 곳이 같아지는 장면을 반드시 보게 될 것입니다. 자연 상태의 사람이라면 누구나 탐욕을 버리고 선한 것을 추구하는 것이 원래의 모습이라고 생각할 수도 있지만, 실제로는 법의 힘에 의해 '평등과 선'에 대한 존중이 유지되는 것입니다.

무엇이든 하고 싶은 대로 할 자유가 주어진 고대 리디아 사람, 기게스의 이야기는 특별한 힘이 주어졌을 때 사람이 어떻게 변해가는지를 잘 보여주고 있습니다.

기게스는 올바르고 선한 목자였으며 리디아 왕의 신하로 일하고 있었습니다. 어느 날 비가 오고, 지진이 일어나면서 땅이 갈라지고

2. 고전 읽기: 플라톤, 국가

    양들에게 풀을 먹이고 있는 근처에 구멍이 뚫렸습니다. 그는 이것을 보고 놀라서 구멍에 들어갔지요. 거기에서 많은 신비한 것들을 보았습니다. 그중에서도 청동으로 만든 말이 특히 두드러졌습니다. 말은 속이 비어 있었고 바깥쪽에 작은 창문이 있었으므로 몸을 숙여 창문을 들여다보았습니다. 그 속에는 시체가 있었고 아무것도 걸치고 있지 않았지만, 손가락에는 반지를 끼고 있었습니다. 그는 그 반지를 빼서 구멍에서 도망 나왔습니다.

    목동들은 매월 왕에게 양의 상태를 보고하는데, 그 목동들의 집회에서 기게스는 반지를 끼고 갔습니다. 다른 목자들과 함께 앉았을 때, 그는 실수로 반지를 손으로 돌렸습니다. 그러자 갑자기 옆에 앉아있는 사람들은 그의 모습을 볼 수 없게 되어 기게스가 어디로 갔다는 둥 말했습니다. 놀랍게도 그는 다시 한번 반지를 움켜쥐고 바깥쪽으로 돌리니 자신의 모습이 다시 보였습니다.

    이것을 안 그는 반지가 그러한 힘을 가지고 있는지 확인하기 위해 몇 번을 시도했고 결과는 동일했습니다. 반지를 안쪽으로 돌리면 볼 수 없고 바깥쪽으로 돌리면 볼 수 있었습니다. 그래서 기게스는 곧 왕에게 보고할 전령 중 한 명으로 자신을 포함시켰으며, 왕에게 불만을 가진 여왕과 함께 공모하여 왕을 공격하고 죽였습니다. 선량했던 그는 반지의 힘으로 왕권을 소유하게 되었지요.

2. 고전 읽기: 플라톤, 국가

〈제시문 2〉

　예를 들어, 올바른 사람과 그렇지 않은 사람이 똑같은 두 개의 반지를 가졌다고 가정해봅시다. 반지를 가졌음에도 불구하고 정의의 측면에서 끝까지 다른 사람들의 사물을 가지려 하지 않을 정도로 도덕성이 강한 사람은 없습니다. 시장에서, 당신은 두려움 없이 좋아하는 것을 훔칠 수 있고, 당신은 모르는 집으로 가서 다른 사람과 사귈 수 있고, 당신은 죽이고 싶은 사람을 죽일 수 있습니다. 당신은 묶인 사람들을 자유롭게 풀어 줄 수도 있고 사람들 사이에서 신처럼 행세할 수도 있습니다. 이런 식으로 아무리 올바른 사람의 행동도 잘못된 사람의 행동과 다르지 않으며, 어느 쪽이든 동일한 결과에 도달할 것임이 분명합니다.

　사람들은 이것에 대해 이렇게 말할 것입니다. 자발적으로 올바른 사람은 없으며 강제적 힘에 의해 그렇게 하고 있다고 말입니다. 즉 '인간은 본래 선하지 않다는 확실한 증거'가 이것이라고 말합니다. 사실, 누군가가 부정행위를 할 수 있는 힘이 있다면, 부정행위를 하며, 이것은 모든 사람들이 개인적으로 부정의 편이 정의의 편보다 훨씬 유리하다고 생각하기 때문입니다. 그러므로 이 이론의 옹호자는 이 생각이 옳다고 주장할 것입니다. 사실, 이전에 말한 대로, 하고 싶은 일을 할 힘과 자유가 있는 데도 나쁜 일을 하지 않거나 다른 사람들의 물건을 탐내고 취하지 않는 그런 사람들이 만일에라도

2. 고전 읽기: 플라톤, 국가

있다면, 사람들은 그를 가리키며 "세상에 참 어리석고 못난 놈"이라고 손가락질할 것입니다. 그들은 서로 대면하여서는 '멍청한 그'를 선하다고 칭찬할 것이지만, 자신의 마음속 불의가 더 많이 드러날 것이라는 두려움으로 서로를 속이고 있을 뿐입니다. 그럼 이 주제에 관해서는 여기서 이야기를 마치겠습니다.

2. 고전 읽기: 플라톤, 국가

문제 1. 제시문 1, 2의 제목을 정하고 요약하시오. (각 200자)
문제 2. 기게스의 반지 이야기를 적용하여 악의 기원(이유)과 악을 방지하기 위한 방법에 대하여 논술하시오. (200자)

문제 1

〈제시문 1〉

〈제시문 2〉

문제 2

2. 고전 읽기: 플라톤, 국가

<제시문 3>

다음 이야기로 넘어가서, "우리가 올바른 교육을 받는지 아닌지의 차이는 다음과 같은 경우를 생각해보면 비슷하다고 볼 수 있다네. 어떤 죄수들이 땅의 동굴에 갇혀 있다고 가정해 보세. 깊은 동굴에서 빛 쪽을 향한 입구가 나 있지. 그들은 어릴 때부터 손과 발과 목을 묶인 채, 갇혀 있기 때문에 앞만 볼 수 있었고 머리를 돌릴 수도 없었지. 한쪽에는 불이 피워져 있고 그 앞에는 길이 나 있어 사람들이나 물건들이 그 길을 따라 움직이고 죄수들은 그 그림자만 볼 수 있는 구조이지. 때때로 사람들은 죄수들을 놀리거나 위협하기 위해 인형들을 이용해 공연을 하네. 인형을 조종하는 사람들이 그 앞에 인형을 놓고 그 위에 인형을 보여주는 무대와 같은 거지."

"그렇군요. 마치 꼭두각시 인형극을 보는 셈이군요."라고 그는 말했다.

"그리고 다시, 그 길을 따라 사람들이 돌이나 나무로 만든 모든 종류의 기구, 인형 또는 다른 동물들을 잡아서 운반한다고 상상해 보게. 그때 사람들은 시끄럽게 소리치기도 하고 이상한 소리를 내는 자들도 있겠지. 죄수들은 그림자와 소리만 듣고 있는 형국이네."

"그것은 이상한 동굴, 무서운 인형극, 기묘한 죄수 이야기군요."

"사실은, 그 죄수들은 우리 자신과 비슷한 처지네. 즉, 그 같은 상태에 있는 인간은 그 자신이든 그 옆 다른 사람이든 그들 앞에 있는

2. 고전 읽기: 플라톤, 국가

동굴 벽에 빛으로 투영된 그림자 이외의 다른 것을 본 적이 있을 것이라고 생각하나?"

"아니요, 다른 것은 볼 수 없었겠지요. 일생 동안 머리를 움직일 수 없었다면요."

"자, 운송되는 물건들은 어떻겠나? 그것도 다르지 않겠지?"

"당연히 그렇겠지요."

"그러면 그들이 서로 대화할 수는 있다면, 그들이 실제로 보는 것, 즉 그림자가 사물의 진짜 모습이라고 주장하지 않겠나?"

"피할 수 없을 것입니다."

"그렇다면 어떨까? 이 갇힌 곳에서 죄수들은 지나가는 소리가 들릴 때마다 그리고 사람들이 소리를 낼 때마다 동굴 벽을 지나가는 것들의 그림자가 그 소리를 내는 것이라고 생각하는 것 외에 다른 방법이 있을까?"

"아니요, 다른 방법이 없을 것 같습니다."

"그러면 무엇을 하든, 죄수들이 진실로 인정하는 것은 사물의 그림자 외에 다른 것이 없는 셈이 되겠지?"

"물론, 그렇습니다."

2. 고전 읽기: 플라톤, 국가

"자, 그럼, 한번 생각해보세, 죄수들을 속박에서 해방하고 어리석음을 치료하는 방법은 무엇일까? 아마도 그것은 어떤 변화에 의해 상황이 바뀌면 가능할 것이네."

"어느 날 한 구속자가 풀려났으며 갑자기 일어나 목을 돌리고 또 걷다가 밝은 쪽을 보도록 명령받았다고 치세. 그러나 밝은 곳에서 처음에 눈은 빛으로 고통스럽기 때문에, 그때까지 그림자만 보였던 진짜 실물을 보려고 해도 잘 볼 수 없겠지. 그러나 실물 세계에 살아왔던 사람들이 그를 보고 지금까지 보았던 것은 잘못된 허상에 지나지 않았으며 지금부터는 현실에 더 가깝고 가장 실제적인 것들을 보기 때문에 이제 진짜 모습이 보일 것이라고 설명해주고, 지나가는 모든 것을 지적하고 그것이 무엇인지 물어보고, 죄수에게 대답하도록 요구했다고 가정해 보세."

"그렇다면 그는 어떻게 말할까? 그는 밝은 빛의 괴로움으로, 그가 과거에 본 동굴의 것이 지금 보고 있는 실물보다 더 진실하다고 대답하지 않을까?"

"분명히 그럴 것 같습니다."라고 글라우콘은 말했다.

2. 고전 읽기: 플라톤, 국가

〈제시문 4〉

"그리고 그가 직접 빛을 본다면 어떻게 될까? 그는 눈이 너무 아파, 오히려 되돌아가서 과거에 자신이 잘 볼 수 있었던 사물의 그림자 쪽으로 탈출하려고 노력할 것이며, 그림자 쪽이 현재의 실물보다 훨씬 더 선명해 보인다고 주장할 것이라고 생각하지 않나?"

"선생님 말씀 대로입니다." 그는 말했다.

"더군다나, 누군가가 죄수를 입구 쪽 거친 통로를 통해 햇빛으로 억지로 끌어내어 태양이 비치는 곳까지 데리고 나오면, 그는 괴로워할 것이고 막상 햇빛이 비치는 곳에 와서도 눈이 감당할 수 없는 빛으로 가득하기 때문에 진실을 볼 수 없을 것 아닌가?"

"네, 갑자기 밝은 것을 볼 수는 없을 것 같습니다."

"그러면 밝은 것에 있는 사물을 보고 싶다면 그곳의 조건에 익숙해져야 하겠군. 아마도 햇빛에 의한 그림자는 처음에는 가장 쉽게 볼 수 있겠지. 그다음에는 물속에 비치는 사람이나 다른 이미지를 볼 수 있을 걸세. 이처럼 천천히, 단계를 거쳐 그다음에야 실제로 밝은 것을 보게 될 것이네. 이 과정을 통해 조금씩 하늘에 있는 것들이나 하늘 자체를 볼 수 있으며, 물론 그 경우도 낮에 뜨는 태양이나 빛을 보는 것이 아니라, 밤하늘의 별이나 별빛을 보는 것이 더 편할 걸세."

"그럴 것 같습니다."

"그리고 마지막으로, 가장 밝은 태양을 보려면 물에 비친 그림자

2. 고전 읽기: 플라톤, 국가

부터 보면서 차츰 태양이 있는 곳을 직접 보고 느끼고 또 그것이 무엇인지 드디어 볼 수 있을 걸세."

"언젠가는 그렇게 되어야 하겠지요."

"그다음에는 태양의 원리에 대하여, 사계절이 변하고 계절이 바뀌고 태양이 그 빛이 도달 할 수 있는 모든 것을 관리한다는 것을, 그리고 어떤 의미에서는 지하 동굴의 모든 것의 원인인 것을 깨닫고 깊이 숙고하게 될 걸세."

"물론, 모든 과정 후에는 자연스럽게 그렇게 생각할 것입니다."

"그럼 다음에는 어떻게 될까? 그는 지금 자신이 알게 된 진실을 생각하면서, 함께 지낸 죄수 친구들, 그들이 실체라고 잘못 알고 있는 것들을 생각하면서 현재의 상황을 다행이라 생각하고, 처음에 같이 살았던 동굴의 친구들을 생각하면, 아마도 그는 아직 동굴 속에 남아있는 사람들을 측은히 여기지 않을까?"

"물론 그럴 겁니다."

"당시에도 그들 사이에 명예나 긍지 같은 것이 있었을 것이네. 즉, 지나가는 물건을 최대한 많이 관찰하고, 앞으로 나아가거나, 뒤로 처지거나, 함께 가는 것들을 가능한 한 많은 것을 기억하고 그것을 통해 미래를 예측하는 등의 활동을 하면서 그것을 할 수 있는 유능한 사람에게 특별한 영예를 안겼다면, 지금도 그들은 사물의 비정상적 모습에서도 명예를 여전히 탐내고 있을 것이며, 그들 가운데서 명예로운 사람들 사이에 경쟁이 있을 것이라고 생각되겠지. 만일 지금 밝은 진실을 알게 된 자가 어두운 동굴로 돌아간다면, 이 거짓 명

2. 고전 읽기: 플라톤, 국가

예를 얻으려 할 것인가, 호메로스의 심정으로 동굴의 그들과 친구가 되기보다는 비록 종이 되거나 아무리 가난해지더라도, 그가 원하는 바대로 진실 속에서 사는 것이 동굴 속의 그들처럼 생각하고 그들처럼 사는 것보다는 낫다고 생각하지 않겠나?"

"그렇습니다. 그들과 같이 살고 그들처럼 사는 것이 아니라, 얼마나 가혹한지에 상관없이, 동굴 밖 지상에서 살고 싶어 할 것이라고 생각합니다."

"또한 다음 사항에 유의해야 하네. 만일 그와 같은 사람이 다시 동굴로 내려가서 이전과 같은 장소에 다시 묶이면 어떻게 될까? 태양이 비추는 곳에서 갑자기 내려오는 경우, 그의 눈은 어두움으로 가득하지 않겠는가?"

"네, 그런 일이 일어날 것 같습니다."

"하지만 허위의 실체 그림자의 문제로 돌아가서, 그가 다시 한번 그것을 보고, 식별하고 항상 동굴 속에 있던 동굴의 사람들과 경쟁이라도 한다면, 특히 눈은 보통 상대로 되기 이전의 침침한 상태며, 그곳 어둠에 익숙하려면 아직 시간을 필요로 하는 그런 상황 속에서라면, 그는 죄수의 친구들의 웃음을 사지 않겠는가? 결국 그는 지상으로 올라가서 자신의 눈을 망가뜨리고 왔다는 소문이 날 것이고 지상으로 올라가는 것은 생각하기에도 나쁜 일로 취급될 것이네. 만약 누군가가 죄수 그들을 해방시키고, 지상으로 데려가려고 한다면, 그들은 어떻게든 모든 힘으로 그들에 저항하고 극단적으로 그들을

2. 고전 읽기: 플라톤, 국가

죽이려고까지 할 걸세. 그렇지 않겠나?"

"분명, 그렇게 할 것 같습니다."하고 글라우콘은 말했다.

2. 고전 읽기: 플라톤, 국가

문제 3. 제시문 3, 4의 제목을 정하고 요약하시오. (각 200자)

문제 4. 죄수 동굴 이야기를 적용하여 어리석음의 기원(이유)과 어리석음을 방지하기 위한 방법에 대하여 논술하시오. (200자)

문제 3

〈제시문 3〉

〈제시문 4〉

문제 4

3. 주제 토론: 올바름과 어리석음

우리가 알아야 할 것은
사람들보다 뛰어나게 되는 법이 아니라
사람들과 함께 즐거워하는 법이다.

〈무엇이 올바름인지에 대하여 자유 창작하시오.〉

3. 주제 토론 : 올바름과 어리석음

자신의 장점 3가지, 단점 3가지를 그 이유와 함께 설명하시오.

〈장점〉

1.

2.

200자

3.

〈단점〉

1.

2.

400자

3.

8. 올바름과 어리석음에 대하여

✽ '올바른 성공'의 기준은
그가 '성취한 결과물'이 아니라
그가 '나눈 결과물'이다.

✽ 자신의 장점은 알면
그것은 자신에게 더욱더 중요한 장점이 되며
자신의 약점을 알면
그것은 자신에게 더 이상 치명적 단점은 아니다.

5. 천자문 (8/125)

果(과실과) 珍(보배진) 李(오얏리) 柰(능금내)
과일은 오얏과 능금이 으뜸이고

菜(나물채) 重(무거울중) 芥(겨자개) 薑(생강강)
나물은 겨자와 생강이 으뜸이다.

과진이내   **채중개강**
果珍李柰이고   菜重芥薑이라.

세상에 유익한 사람이 되라.

[한자 세 번, 뜻 한 번을 쓰시오]

5. 명심보감 (明心寶鑑)

권학편(勸學篇)

人之不學 이면   若登天而無階 라.
인지불학 이면   약등천이무개 라.

사람이 학문에 힘쓰지 않으면
하늘에 오르는데 계단이 없는 것과 같다.

군자의 증거는
그가 얼마나 배움에 힘쓰는지에 있다.

[한자 두 번, 뜻 한 번을 쓰시오]

5. 논술 / 글쓰기

[문제] 다음 〈물음〉에 대한 자신의 생각을 자유롭게 논술하시오.*
　　(600자)

〈물음〉

> 죽지 않고 영원히 사는 것은 좋은 것인가?
>
>
> ※ 다음 내용이 포함하여 기술하시오.
> 　- 물음에 대해 한 문장으로 명확하게 표현된 자신의 대답
> 　- 자신의 대답에 대한 근거, 세 가지

*철학 올림피아드 문제

답안

인문고전 추천 8

톰 소여의 모험 (마크 트웨인)

　19세기 미국 남부 미주리주에 있는, 가공의 마을인 세인트 피터즈버그(St. Petersburg)를 배경으로 하고 있으며, 귀여운 말썽꾸러기 톰 소여의 익살맞은 모습을 통해 기성세대를 조롱하는 것이 특징이다. 그 실례가 폴리 이모가 개구쟁이 조카 톰에게 울타리에 페인트칠을 하게 한 설정이다. 톰은 순진한 친구들을 이용해서, 대신 페인트칠을 하게 해놓고는, 마치 자기가 한 것인 양 폴리 이모 앞에서 뽐낸다. 폴리 이모는 조카의 귀여운 거짓말에 속아 넘어간다. 즉, 작가는 어린이가 어른을 속인다는 설정을 통해 기성세대를 조롱하는 것이다. 시점은 등장인물들의 심리 상태를 들여다보듯 서술한 전지적 시점이다. 톰 소여, 허클베리 핀, 톰의 여자친구 베키, 세인트 피터즈버그 마을 모두 실제 인물과 지역을 모델로 하였다.

* Ref: 관련 백과사전 등 참고

독서 노트 (8)

[톰 소여의 모험에 흐르는 정신에 대하여]

1. **저자**: 마크 트웨인
2. **도서**: 톰 소여의 모험
3. 독서노트

    (1) 주요 등장 인물 5명의 특징을 기술하시오. (400자)

    (2) 등장 인물을 중심으로 이야기를 요약하시오. (400자)

    (3) 감명 깊었던 이야기 2가지를 요약 기술하시오. (400자)

    (4) '톰 소여의 모험'에 흐르는 3가지 정신(교훈)에 대하여 기술하시오 (400자)

4. 기간 : 2주

독서노트

(1) 주요 등장 인물 5명을 기술하시오. (400자)

200자

400자

600자

독서노트

(2) 등장 인물을 중심으로 이야기를 요약하시오. (400자)

독서노트

(3) 감명 깊었던 이야기 2가지를 요약 기술하시오. (400자)

200자

400자

600자

독서노트

(4) '톰 소여의 모험'에 흐르는 3가지 정신(교훈)에 대하여 기술하시오. (400자)

Summary

1. **내 꿈과 목표**
   : 자신의 1단계, 2단계 각각의 꿈과 목표에 대하여 "정확하고 간략히 표현"하여 정리하고 기억하시오. (변경, 종합)

2. **고전읽기** : 플라톤 / 국가 제2권, 제7권
   : 기게스의 반지, 죄수 동굴 이야기

3. **주제토론수업**
   : 올바름과 어리석음

4. **천자문 / 명심보감**

5. **논술 / 글쓰기**
   : 영원히 죽지 않고 사는 것은 좋은 것인가?

6. **독서노트**
   : 톰소여의 모험 (마크 트웨인)

올바름과 어리석음에 대하여

✱ 8. 올바름과 어리석음에 대하여 자신의 생각을 종합하시오.

고전인문철학수업 1

인문철학교육총서 1

고전인문철학수업 1

1. 과거를 창조함에 대하여

2. 소극적 자유와 적극적 자유에 대하여

3. 자유의지에 대하여

4. 자유로운 일과 자유를 주는 일에 대하여

5. 창조의 힘, 개별의지에 대하여

6. 개별의지의 적용에 대하여

7. 선택받는 삶과 선택하는 삶에 대하여

8. 올바름과 어리석음에 대하여

인문철학교육총서 1

인문철학교육총서 1~13권 도서 목록

인문철학교육총서 1~13권 도서 목록 (1)

순서	도서	작가	관련 수업
1	15소년 표류기	쥘 베른	3권 22강
2	걸리버 여행기	스위프트	13권 101강
3	공포와 전율	키르케고르	8권 63강
4	구토	사르트르	5권 35강
5	국가 1	플라톤	1권 6강
6	국가 2	플라톤	1권 8강
7	군주론	마키아벨리	5권 39강
8	권력에의 의지(1권)	니체	9권 72강
9	권력에의 의지(2권)	니체	10권 73강
10	그리스로마 신화	不明	2권 10강
11	그림 동화집	그림	1권 4강
12	금강경	석가모니	13권 98강
13	꿈의 해석(1~3장)	프로이드	9권 67강
14	꿈의 해석(4~5장)	프로이드	9권 71강
15	나비	헤르만 헤세	5권 40강
16	나의 라임오렌지나무	바스콘셀로스	3권 17강
17	노자	노자	6권 45강
18	논어	공자	12권 91강
19	니코마코스 윤리학	아리스토텔레스	11권 86강
20	달과 6펜스	서머싯 몸	3권 20강
21	대학	증자	13권 99강
22	데미안	헤르만 헤세	4권 27강
23	도덕의 계보	니체	12권 89강
24	디아프살마타	키르케고르	3권 17강
25	로빈슨 크루소	대니얼 디포	13권 104강
26	리바이어던	홉스	6권 46강
27	마지막 잎세, 크리스마스 선물	오 헨리	6권 41강
28	맹자	맹자	12권 92강
29	멕베스	세익스피어	10권 80강
30	명상록 1	아우렐리우스	1권 4강
31	명상록 (전권)	아우렐리우스	9권 70강
32	명상록 2	아우렐리우스	2권 13강
33	명상록 3	아우렐리우스	4권 30강
34	모파상 단편집	모파상	2권 14강
35	목민심서	정약용	10권 78강
36	문학이란 무엇인가	사르트르	4권 31강
37	바보이반	톨스토이	1권 3강
38	반시대적 고찰 1	니체	2권 16강
39	반시대적 고찰 2	니체	9권 66강
40	반지의 제왕	톨킨	7권 50강
41	방법서설 1	데카르트	1권 7강
42	방법서설 2	데카르트	7권 56강
43	법구경	법구	5권 33강
44	변신	카프카	3권 24강

인문철학교육총서 1~13권 도서 목록 (2)

순서	도서	작가	관련 수업
45	별, 마지막 수업	알퐁스 도데	4권 26강
46	보물섬	로버트 스티븐슨	2권 11강
47	보왕삼매론	묘협	5권 40강
48	비밀의 화원	프랜시스 버넷	1권 5강
49	빨강 머리 앤	루시 몽고메리	8권 59강
50	사람에게는 얼마만큼의 땅이 필요한가	톨스토이	1권 3강
51	사람은 무엇으로 사는가	톨스토이	1권 3강
52	사랑의 학교	아미치스	1권 7강
53	사회계약론	루소	4권 25강
54	사회계약론	루소	8권 58강
55	삼국유사	일연	4권 25강
56	삼국유사(2)	일연	8권 64강
57	삼국지 1	나관중	2권 15강
58	삼국지 2	나관중	6권 43강
59	생의 한가운데	루이제 린저	3권 18강
60	생의 한가운데(2)	루이제 린저	11권 82강
61	서광	니체	13권 97강
62	선악을 넘어서	니체	11권 81강
63	성찰	데카르트	3권 18강
64	소공녀	프랜시스 버넷	2권 13강
65	소월의 명시	김소월	7권 51강
66	소크라테스의 변명	플라톤	1권 1강
67	수상록	몽테뉴	11권 84강
68	순수이성비판	칸트	12권 95강
69	신논리학	베이컨	2권 9강
70	아라비안나이트	불명	2권 16강
71	안네의 일기	안네 프랑크	4권 25강
72	안데르센 동화집	안데르센	1권 2강
73	어느 개의 고백	카프카	3권 24강
74	어린 왕자 2	생텍쥐페리	2권 14강
75	어린 왕자 1	생텍쥐페리	2권 9강
76	엉클 톰스 캐빈	스토	3권 21강
77	역사철학강의	헤겔	5권 36강
78	예링	권리를 위한 투쟁	7권 54강
79	예언자 1	칼릴지브란	2권 12강
80	예언자 2	칼릴지브란	3권 19강
81	왕자와 거지	마크트웨인	4권 29강
82	육조단경	혜능	12권 94강
82	유토피아	토마스 모어	8권 57강
84	의무론	키케로	5권 34강
85	이방인	까뮈	8권 61강
86	이솝우화(2)	이솝	13권 100강
87	이솝우화 1	이솝	1권 1강
88	이솝우화 2	이솝	4권 32강

인문철학교육총서 1~13권 도서 목록 (3)

순서	도서	작가	관련 수업
89	인간 불평등 기원론	루소	1권 5강
90	인간적인 너무나 인간적인 1	니체	1권 2강
91	인간적인 너무나 인간적인 2	니체	6권 47강
92	인간적인 너무나 인간적인 3	니체	6권 48강
93	일리아드 오디세이	호메로스	6권 44강
94	자본론(1~3편)	마르크스	7권 55강
95	자본론(4~7편)	마르크스	8권 62강
96	잠언	성서	5권 38강
97	장자 1	장자	2권 15강
98	장자 2	장자	7권 49강
99	젊은 베르테르의 슬픔	괴테	3권 19강
100	정치학	아리스토텔레스	5권 37강
101	제인 에어	샬럿 브론테	13권 103강
102	존 S. 밀	자유론	7권 52강
103	존재와 무(2부)	사르트르	9권 69강
104	존재와 무(3부)	사르트르	10권 77강
105	존재와 무(4부)	사르트르	11권 85강
106	존재와 무(서론, 1부)	사르트르	9권 68강
107	존재와 시간(서론)	하이데거	10권 75강
108	주역	不明	9권 65강
109	중용	자사	12권 90강
110	즐거운 지식	니체	10권 76강
111	지하생활자의 수기	도스토예프스키	1권 3강
112	지하생활자의 수기(전권)	도스토옙스키	11권 83강
113	차라투스트라는 이렇게 말했다	니체	3권 22강
114	차라투스트라는 이렇게 말했다(1,2부)	니체	8권 60강
115	차라투스트라는 이렇게 말했다(3,4부)	니체	12권 93강
116	채근담	홍자성	12권 96강
117	철학자들의 생각 1	不明	6권 42강
118	철학자들의 생각 2	不明	6권 44강
119	체호프 단편선	체호프	3권 23강
120	키다리 아저씨	진 웹스터	13권 102강
121	탈무드 1	不明	1권 5강
122	탈무드 2	不明	1권 6강
123	톰 소여의 모험	마크트웨인	1권 8강
124	팡세	파스칼	4권 28강
125	프린키피아	뉴턴	10권 74강
126	국가	플라톤	7권 53강
127	한비자 1	한비	2권 10강
128	한비자 2	한비	3권 21강
129	햄릿	셰익스피어	11권 88강
130	헤세의 명시	헤르만 헤세	10권 79강
131	황금 머리를 가진 사나이	알퐁스 도데	5권 40강
132	황금의 가지	프레이저	11권 87강

고전인문철학수업 1

명예를 위해 살지 말고
명예롭게 살라.

답안

1강. 플라톤, 소크라테스의 변명
p12 문제 1
거짓된 웅변가, 진실된 웅변가, 예: 정치가, 조조, 우주
p12 문제 2
올바르고 선한 세상, 겸손한 세상, 도덕적이고 정의로운 세상

2강. 니체, 인간적인 너무나 인간적인
p18 문제 1
제시문 1. '자격'을 잃지 말라. 제시문 2. '이성'을 잃지 말라. 제시문 3. '영웅적 삶'을 잃지 말라. 제시문 4. '정다운 곳, 정다운 사람'을 잃지 말라.

3강. 도스토예프스키, 지하생활자의 수기
p24 문제 1
제시문 1. 뻔뻔한 신사의 주장, 어떤 뻔뻔한 신사가 아무 이유도 없이 갑자기 사람들에게 자유의지를 주장하고 사람들이 그에게 박수를 친다. 그 모습에 기분이 좋지 않다.
제시문 2~, 제시문 3~, 제시문 4~ 같은 방식으로 작성
p24 문제 2
1. 누구나 주장 가능하다. 2. 어쩔 수 없는 것이다. 3. 의지, 변덕, 공상적인 것이다. 4. 다루기 어렵지만 가장 필요한 것이다.
p24 문제 3
이성적, 합리적 세상은 가장 유익한 길이지만, 정해진 세상을 살아야 해서 자유가 없고 경쟁이 치열해서 승자와 패자, 행복한 자와 불행한 자로 나뉘게 되어 사회 갈등이 발생한다. 자유의지적 세상은 도전과 모험 속에서 의욕적이고 즐거운 삶을 살 수 있지만 실패와 위험이 도사리고 있다.

4강. 아우렐리우스, 명상록 (1)
p29
제시문 1. 진리, 우리에게 자유를 주는 일, 첫 번째는 진리이다. 진리는 우리의 자유를 억압하는 운명(어려움과 고난)을 극복하는 방법을 제시하기 때문이다. 진리는 의사의 수술 도구처럼 문제를 제거하고 건강하고 자유롭게 살아가는 방법을 제시한다.
제시문 2~, 제시문 3~, 제시문 4~ 같은 방식으로 작성

5강. 탈무드
p33 문제 1, 문제 2, 문제 3, 문제 4, 문제 5
본문 해설 참조

6강. 철학자들의 생각 (1)
p49 문제 1
1. 의상 스님은 올바른 개별행동의지를 위해 '이 세상 모든 것은 하나'라는 평등과 무소유의 마음(무이상)을 가지라고 주장한다. 왜냐하면 그 마음이 세상 모두를 자유롭게 하기 때문이다.
2~7. 같은 방식으로 작성

p59 문제 2
1. 니체는 올바른 개별행동의지를 위해 이데아(플라톤), 공동체와 개념(스피노자), 생각이 존재라는 주장(데카르트)을 모두 부정하고 '그대들 자신, 청춘의 가슴뜀'의 중요성을 주장한다. 왜냐하면 그것만이 우리가 살아있는 존재임을 증명하기 때문이다.
2~8. 같은 방식으로 작성

p60 문제 3
위 15명의 철학자들 생각을 종합하여 우리가 원하는 것(자유의지)을 이루기 위한 삶 속 실제 행동에서 무엇을 중요시해야 하는지 숙고하여 작성한다. (15개의 생각을 모두 다시 필사해도 됨)

p62 문제 1
1. 세상에서 중요한 일을 이루게 하는 것은 모두 책임감이다. 왜냐하면 책임감은 누군가, 무언가를 위한 희생과 사랑이기 때문이다. 희생과 사랑 없이 이룰 수 있는 일은 거의 없다.
2. 말과 행동(삶)의 일치 ~
3. 편안한 마음, 훌륭한 성품은 정직함에서 ~
4. 한 번 더의 배려가 평생 친구를 만든다. ~

p64 문제 2
5. 아는 것과 행동하는 것의 차이
6. 깊은 독서와 사고만이 사람에게 감동과 교훈을 준다. 얕은 지식은 누구나 아는 사실이고 이는 별 의미가 없다.
7. 세상은 하찮고 허름한 사람들이 만들어가는 것이다. 위대한 사람, 대통령은 아무 것도 할 수 없다.
8. 일의 앞뒤가 바뀌면 안 된다. 놀기 위해 일하는 것이 아니고, 일을 잘 하기 위해 노는 것이다.

7강. 철학자들의 생각 (2)

p79 문제 1

<u>1.</u> 마르크스는 선택하는 삶을 위해 고귀한 정신보다 '물질과 재화의 확보를 위한 실천적 가치'와 '차별 없는 재화의 재분배'를 중요시한다. 왜냐하면, 그것만이 가난한 노동자에게서 쇠사슬을 벗겨 주기 때문이다.

<u>2~11.</u> 같은 방식으로 작성

p90 문제 2

<u>1.</u> 고드윈은 선택하는 삶을 위해 인간에 의한, 인간에 대한 지배가 없는 소규모 자립 공동체를 중요시한다. 왜냐하면, 인습적 국가 사회 구조를 와해시키는 것이 다수가 자유에 도달하는 관문이기 때문이다.

<u>2~8.</u> 같은 방식으로 작성

p91 문제 3

위 19명의 철학자들 생각을 종합하여 선택하는 삶을 살기 위해 무엇을 중요시 해야 하는지 숙고하여 작성한다. (19개의 생각을 모두 다시 필사해도 됨)

8강. 플라톤, 국가

p98 문제 1

<u>제시문 1.</u> 사람은 법이 없어도 선한가 – 사람은 원래 선한 것 같지만, 사실 힘(법)에 의해 평등과 선이 유지되는 것이다. 선한 목자 기게스의 이야기가 이를 잘 보여준다.

<u>제시문 2.</u> 같은 방식으로 작성

p98 문제 2

악의 기원: 힘 (기게스의 반지)

악을 방지하기 위한 방법: '강하지만 악해지지 않는 법'을 깊이 생각할 것

p105 문제 3

<u>제시문 3.</u> 어리석어지는 이유 – 동굴 속에 갇혀 앞만 보도록 강제된 (죄수 동굴 이야기) 죄수는 앞에 보이는 그림자가 실제 모습이라고 단정한다. 이 죄수는 태양 아래 밝은 곳으로 데려가 실제 모습을 보여주어도 동굴 속 어두운 그림자가 더 진실하다고 믿으려 한다.

<u>제시문 4.</u> 같은 방식으로 작성

p98 문제 4

어리석음의 기원: 잘못된 선입견, 잘못된 지식, 잘못된 교육 (죄수 동굴 이야기)

어리석음을 방지하기 위한 방법: '잘못된 선입견, 잘못된 지식, 잘못된 교육'을 깊이 생각하여 그 대책을 제안할 것

인문철학교육총서 1~13

고전인문철학수업 1: 과거를 창조함

고전인문철학수업 2: 제 3의 탄생

고전인문철학수업 3 : 여유로움과 나태함

고전인문철학수업 4 : 평등한 세상

고전인문철학수업 5 : 배려와 희생

고전인문철학수업 6 : 이해와 사랑

토론의 정석 1 : 약자에 대한 배려

토론의 정석 2 : 계층 문제

논술의 정석 1: 인간과 문화

논술의 정석 2 : 인간과 평화

논술의 정석 3 : 인간과 합리

창작의 정석 1 : 명예로움에 대하여

창작의 정석 2 : 바라지 않음에 대하여

고전인문철학수업 1

1판1쇄 ‖ 2021년 2월 5일
지은이 ‖ 김주호
펴낸곳 ‖ 지성과문학사
등록   ‖ 제251-2012-40호
전화   ‖ 031-707-0190
팩스   ‖ 031-935-0520
이메일 ‖ bookfs@naver.com

ISBN 979-11-91538-71-7 (03100)

출판사의 허락 없이 무단 복제와 무단 전재를 금합니다.
잘못된 책은 구입처에서 교환해 드립니다.
이 책에서 사용된 문양은 한국문화정보센터가 창작한 저작들을 공공누리 제1유형에 따라 이용합니다.

이 책의 모든 저작권은 지성과문학사가 가지고 있습니다.

✱ 고전인문철학수업 1

1. 과거를 창조함에 대하여 (플라톤, 소크라테스의 변명)
2. 소극적 자유와 적극적 자유에 대하여 (니체, 인간적인 너무나 인간적인)
3. 자유의지에 대하여 (도스토예프스키, 지하생활자의 수기)
4. 자유로운 일과 자유를 주는 일에 대하여 (아우렐리우스, 명상록)
5. 창조의 힘, 개별의지에 대하여 (루소, 인간불평등기원론)
6. 개별의지의 적용에 대하여 (플라톤, 국가 Ⅰ)
7. 선택받는 삶과 선택하는 삶에 대하여 (데카르트, 방법서설)
8. 올바름과 어리석음에 대하여 (플라톤, 국가 Ⅱ)

✱ 고전인문철학수업 2

9. 제3의 탄생에 대하여 (베이컨, 신논리학)
10. 꿈의 구조도에 대하여 (한비, 한비자)
11. 생각의 지도에 대하여 (통합사유철학강의)
12. 숭고한 나눔에 대하여 (칼릴지브란, 예언자)
13. 명예로운 삶에 대하여 (아우렐리우스, 명상록)
14. 우리에게 중요한 것들에 대하여 (생텍쥐페리, 어린 왕자)
15. 삶의 목적에 대하여 (장자, 장자)
16. 참과 진리에 대하여 (니체, 반시대적 고찰)

✱ 고전인문철학수업 3

17. 여유로움과 나태함에 대하여 (키르케고르, 디아프살마타)
18. 성찰과 회복에 대하여 (데카르트, 성찰)
19. 아름다움에 대하여 (칼릴지브란, 예언자)
20. 행동과 열정에 대하여 (서머싯 몸, 달과 6펜스)
21. 겸손과 지혜에 대하여 (한비, 한비자)
22. 인식의 세 단계에 대하여 (니체, 차라투스트라는 이렇게 말했다)
23. 진실과 오해에 대하여 (체호프, 체호프 단편선)
24. 인간의 조건에 대하여 (카프카, 변신)

✻ 고전인문철학수업 4

25. 평등한 세상을 위하여 (루소, 사회계약론)
26. 인간의 본성에 대하여 (알퐁스 도데, 별)
27. 문제와 해결에 대하여 (헤르만 헤세, 데미안)
28. 허영과 충만에 대하여 (파스칼, 팡세)
29. 편견과 본성에 대하여 (마크트웨인, 왕자와 거지)
30. 자기철학에 대하여 (아우렐리우스, 명상록)
31. 자존과 수용에 대하여 (사르트르, 문학이란 무엇인가)
32. 노력과 만족에 대하여 (이솝, 이솝 우화)

✻ 고전인문철학수업 5

33. 배려와 희생에 대하여 (법구, 법구경)
34. 유익과 선에 대하여 (키케로, 의무론)
35. 존재에 대하여 (사르트르, 구토)
36. 시대정신에 대하여 (헤겔, 역사철학강의)
37. 목적과 자격에 대하여 (아리스토텔레스, 정치학)
38. 인내와 용기에 대하여 (성서, 잠언)
39. 배움의 이유에 대하여 (마키아벨리, 군주론)
40. 성공의 길과 진리의 길에 대하여 (헤르만 헤세, 나비)

✻ 고전인문철학수업 6

41. 이해와 사랑에 대하여 (오헨리, 마지막 잎새)
42. 이해와 득실에 대하여 (냉철한 그리고 분노하는, 철학자들의 생각)
43. 합리적 계책에 대하여 (나관중, 삼국지)
44. 평등과 자격에 대하여 (냉철한 그리고 분노하는, 철학자들의 생각)
45. 시간과 존재에 대하여 (실존을 넘어서)
46. 자유와 평등에 대하여 (홉스, 리바이어던)
47. 관계와 인간에 대하여 (니체, 인간적인 너무나 인간적인 Ⅰ)
48. 나와 [나]에 대하여 (니체, 인간적인 너무나 인간적인 Ⅱ)

✤ 토론의 정석 1

49. 우리 시대 약자는 살기 괜찮은가: 약자에 대한 판결 불공정 문제
50. 우리 시대 교육은 문제없는가: 대학 서열 문제
51. 우리 시대 직업은 그 역할을 다하고 있는가: 직업 서열 문제
52. 우리 시대는 술과 정신병 문제에 대한 대처를 잘하고 있는가: 술, 정신병 문제
53. 우리 시대는 부동산 등 불로소득을 잘 징계하고 있는가: 부동산, 불로소득 문제
54. 우리 시대 종교는 타락하고 있지 않은가: 타락한 종교 문제
55. 우리 시대는 처벌에 대해 평등의 원칙을 잘 준수하는가: 공평한 벌금 문제
56. 우리 시대는 정당방위를 충분히 보장하고 있는가: 정당방위 문제

✤ 토론의 정석 2

57. 우리 시대는 계층 문제를 충분히 고려하고 있는가: 계층 문제
58. 우리 시대의 제사, 결혼, 장례 문화는 적절한가: 제사, 결혼, 장례의 전통 문제
59. 우리 시대는 상속을 왜 허용하면 안 되는가: 상속 문제
60. 우리 시대는 아직 일본과의 관계를 해결하지 못하고 있는가: 일본과의 관계 문제
61. 우리 시대는 남북통일을 잘 추진하고 있는가: 남북한 통일 문제
62. 우리 시대는 한중일 3국 연합을 준비하고 있는가: 한중일 연합 문제
63. 우리 시대는 개인의 생명과 안전을 스스로 지킬 수 있는가: 총기 소지 문제
64. 우리 시대는 모두의 인권을 존중해야 하는가: 인권과 사형 문제

✤ 논술의 정석 1

65. 인간과 문화에 대하여: 비교와 추론
66. 인간과 환경에 대하여: 추론과 비판
67. 인간과 문학에 대하여: 비교와 평가
68. 인간과 예술에 대하여: 비교와 관점
69. 인간과 리더에 대하여: 분류와 평가
70. 인간과 평등에 대하여: 비교와 비판
71. 인간과 문명에 대하여: 비교와 대안
72. 인간과 운명에 대하여: 활용과 평가

김주호 인문철학총서 13